AF366526

Título: Quid Sirenes cantare sint solitae?

Autor: Fco Javier Torrent Rodrigo

Editor: Bubok Publishing S.L.

ISBN: 978-84-9916-936-1

Depósito legal: M-35706-2010

Inscrito en el Registro de la Propiedad Intelectual de Safe Creative el 22-jul-2010 11:10 UTC. Con el Código: 1007226893996

Con especial cariño para Óscar DM,
capturado por el canto de las sirenas del Mediterráneo.

ÍNDICE

PREFACIO

A lo largo de la historia, han existido noticias diversas y muy antiguas sobre seres legendarios mitad hombres y mitad pez dadas a conocer por diversos navegantes y escritores. [Caro Rodríguez, 2006]

Plinio, menciona dos casos, uno de ellos visto en las aguas atlánticas de la bahía de Cádiz (España). AEliano, Pausanias, Belonio Nauclero, Lilio Giraldo y Alejandro de Alejandro, son algunos otros de los cronistas que reseñan apariciones de estos fantásticos hombres-pez. [Gascón Ricao, 2007] [Caro Rodríguez, 2006] En el relato del erudito y místico Teodoro Gaza (1398-1476), se afirma que en sus viajes por el Peloponeso vio unos seres "cuyos cuerpos estaban ásperos por las escamas hasta la vagina, y el resto concluía en una cola como la de un cangrejo". También Cristóbal Colón, explicó que observó en total tres seres mitad humanos mitad pez durante sus viajes a América. [Fiebag et al., 2002] [Marseille y Laneyrie-Dagen, 2004]

Incluso Saxo Grammaticus (cronista de los siglos XII y XIII), describe un combate entre el rey danés Hadding (hijo de Gram), contra un monstruo acuático, mitad hombre, mitad pez. [Marseille y Laneyrie-Dagen, 2004]

En la civilización occidental, se han registrando reportes de la presencia de dichos seres anfibios hasta el siglo XVIII [Berdayes Milian, 2007] y hasta bien entrado el siglo XIX, en toda Europa existía la creencia de que sirenas humanoides vivían en el fondo del mar. [Bondeson, 2000] Incluso en la actualidad, en algunas zonas del planeta persiste tal creencia, tal y como lo atestigua un trabajo de investigación realizado en el Departamento de Madre de Dios (la antigua región Inca de Antisuyo), en Perú. Donde se registraron testimonios de más de 40 personas que afirmaban haber observado personalmente a las sirenas, escuchado sus cantos o haber tenido contacto con algún fenómeno vinculado a su existencia. [Velásquez Zea, 2008]

Sabemos que Plinio, apenas si se paraba a comprobar sus testimonios y simplemente recogía las tradiciones sin crítica [Caro Rodríguez, 2006] Posteriormente, ya en la Edad Media, la literatura era aún menos rigurosa. [Caro Rodríguez, 2006] Por ello, actualmente, se considera que dichos avistamientos fueron de osos marinos árticos (*Callorhinus ursinus*), [Littlepage, 2006] de manatíes (*Trichechus manatus*) [Jiménez, 2000] [Bondeson, 2000] [Marseille y Laneyrie-Dagen, 2004] [Hernánez Fernández, 2008], dugongos (*Dugong dugon*) [Bondeson, 2000] [Marseille y Laneyrie-Dagen, 2004] o incluso, de focas con malformaciones congénitas. [Coleman y Huyghe, 1999]

En la Guyana (América del Sur), el nombre coloquial del manatí es "mamá acuática"; [Morgan, 1973] debido a que los manatíes hembras tienen dos mamas pectorales que de lejos pueden pasar por los senos de una mujer.[1] [Morgan, 1973] [Marseille y Laneyrie-Dagen, 2004] Dicha característica, unida a que producen gritos armoniosos que recuerdan la leyenda del canto de las sirenas; incitó a los científicos contemporáneos a afirmar que son el origen del mito de las sirenas y que los navegantes los confundieron con éstas. [Marseille y Laneyrie-Dagen, 2004] Incluso por referencia al mito, se le dio el nombre de sirénidos al orden zoológico al que pertenecen los dugongos (vacas marinas)[2] y los manatíes (únicos representantes de este orden). [Marseille y Laneyrie-Dagen, 2004] Precisamente por la existencia de dichos pechos voluminosos en los pectorales, a ambos se les atribuye el haber sido la "sirena" originaria. [Morgan, 1973]

Sin embargo, existen muchos datos que parecen descartar las teorías más racionales ya que hay constancia que han existido casos famosos que se han tenido como reales, tales como el ocurrido en 1403, cuando se atrapó viva a una sirena y vivió en Edam (Holanda). [Bondeson, 2000] También en 1531 se atrapó una sirena en el Báltico (aún con vida) y enviada a la corte de Polonia, donde murió días después. [Bondeson, 2000] En 1560 se atraparon 7 hembras (sirenas) y siete machos (tritones) [Bondeson, 2000] En 1737 una sirena fue exhibida en Exeter [Bondeson, 2000] En Escocia en 1809 y 1812 se aseguró

---

[1] Incluso se ha dicho y creído que amamantan a su única cría mientras la sostienen con sus aletas, al tiempo que flotan en posición vertical en el agua. Aunque debido a que el pezón parece estar casi sobre el borde posterior de la aleta, en el punto preciso donde esta se une al cuerpo, [Morgan, 1973] no parece probable dicha afirmación.
[2] También al dugongo hembra se le ha descrito como poseedor de un par de "mamas pectorales bien desarrolladas". [Morgan, 1973]

haber visto sirenas cerca de la costa. [Bondeson, 2000] Y en 1800 dos tritones jóvenes fueron atrapados cerca de la isla de Man. [Bondeson, 2000] Un caso interesante es el descrito por Samuel Fallours en 1718 quien aseguraba haber mantenido vivo en un tonel durante 4 días a una sirena, cuyo retrato fue presentado a muchos dignatarios de la época (entre ellos; el zar Pedro el Grande y el rey de Inglaterra Jorge III). [Bondeson, 2000]

Algunos sucesos relatados parecen confirmar la existencia de dichos seres. Tales como el ocurrido en 1869, en las Bahamas, cuando seis hombres que se dirigen en canoa hacia una bahía divisan una sirena de una deslumbrante belleza, con los cabellos azules flotando sobre sus hombros y las manos hendidas, la cual, al ver a los marinos y emitió unos grititos (de sorpresa o de aviso) y desapareció poco después, sin dejar que se acercasen. [Marseille y Laneyrie-Dagen, 2004] O como el del marinero que en la medianoche del 3 de enero de 1957, navegando entre Tahití y Chile se encontró con un extraño ser en cubierta que se mantenía erguido sobre la cola de pez y que tenía sobre su cabeza un cabello que parecía formado por finísimas algas. [Trujillo Medina, 2007] De igual modo, podríamos incluir las observaciones realizadas en las islas británicas (que a veces, han podido ser examinadas durante varias horas, como ocurrió en 1833), o el testimonio de seis pescadores, que se encontraban cerca de la isla de Yell, los cuales aseguraron haber pescado una pequeña sirena (60 cm.) que en su cabeza tenía unas cerdas que se podían erizar a voluntad, como si se tratase de una cresta y haberla tenido a bordo durante unas tres horas. [Trujillo Medina, 2007]

Es probable que por ejemplo, la sirena que atrapó Samuel Fallours fuese en realidad un dugongo joven. [Bondeson, 2000] E incluso cabe la posibilidad de que las primeras observaciones de estos mamíferos y su posterior difusión (pero transformados ya en "sirenas" gracias al imaginario de marinos y pescadores), pudo haber sido reforzada por la acción de muchos estafadores que momificaban cuerpos (torsos y cabezas) de monos (primates) y que los cosían para unirlos a la parte inferior del cuerpo de ciertos peces,[3] asegurando que los mismos eran momias de sirenas y que podían ser vendidas a jugosos precios a coleccionistas de objetos extraños y antigüedades, lo que pudo haber alimentado un lucrativo negocio, a través de los tiempos y como consecuencia el imaginario popular, ha mantenido vivo el mito de la sirena. [Berdayes Milian, 2007] Así por ejemplo en 1822 en la ciudad de Londres, se hizo famosa una "sirena" disecada la cual estaba tan bien formada, que llegó a considerarse real por todos cuantos la vieron (incluso médicos y zoólogos), pese a que previamente el anatomista del *Royal College of Surgeons*, William Clift, había demostrado su impostura (figura 1). [Bondeson, 2000]

---

[3] Dicha costumbre era común en países asiáticos y se encuentra documentada desde el año 1500 aproximadamente. Originalmente se trataba de amuletos y eran venerados en ceremonias religiosas. [Bondeson, 2000]

Figura 1 La sirena exhibida en Londres en 1822 tal y como la dibujó el artista George Cruikshank.

Dicha circunstancia, pudo haber sido reforzada por el esporádico nacimiento de algún recién nacido con "sirenomelia" (figura 2), un raro mal congénito que se caracteriza porque los bebes nacen con las extremidades inferiores unidas entre sí.[4] [Berdayes Milian, 2007]

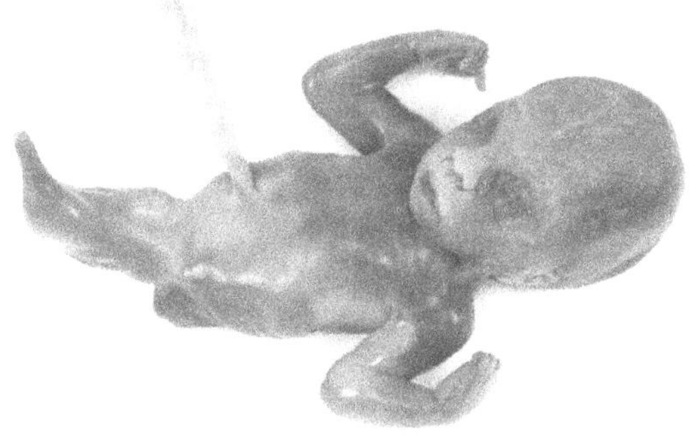

Figura 2. Ejemplo real de sirenomelia. [Ježová et al., 2008]

---

[4] La sirenomelia o el "síndrome de la sirena" es una malformación congénita letal extremadamente rara, que se origina a la tercera semana de desarrollo. Consiste en que la mitad inferior del cuerpo se desarrolla anormalmente, [Nuñez et al., 2003]. Un fallo en la alantoides (que no divide en dos masas laterales el polo inferior del embrión), produce como resultado el miembro inferior único [Jones, 1990] Este síndrome aparece en 1 de cada 60.000 niños recién nacidos y según las estadísticas médicas, el 98% de los bebés que padecen esta patología no sobreviven más de siete días. [Berdayes Milian, 2007]

No obstante, persisten algunas dudas, ya que hay algunos detalles que no están del todo bien aclarados:

El primero de ellos es que los manatíes habitan principalmente los ríos costeros de los Estados Unidos (entre Carolina del Norte y el golfo de México) y aunque no debe excluirse una mayor zona de difusión de la especie en el pasado (ya que también se los puede encontrar a lo largo de la costa occidental de África), [Marseille y Laneyrie-Dagen, 2004] del total de 70 apariciones modernas recogidas sobre hombres y mujeres de vida acuática en todas partes del mundo; en 52 de ellas (tres de cada cuatro), han tenido lugar en aguas que se encontraban alejadas del hábitat natural de los manatíes y de aguas cálidas donde voraces depredadores como tiburones y otros, pueden amenazar su existencia.[5] [Benwell y Waugh, 1961] [Trujillo Medina, 2007] De hecho, pese a que los testimonios acerca de apariciones de sirenas provienen de la práctica totalidad de los océanos, abundan muy especialmente en las zonas más frías. [Trujillo Medina, 2007]

Otro punto a considerar es que resulta muy difícil confundir las facciones de un dugongo con las de una mujer, y sería preciso que los marineros estuviesen locos para comparar los resoplidos de dicho animal con un canto. [Bondeson, 2000]

---

[5] En cuanto a los dugongos éstos se encuentran más bien en el océano Índico y en el norte de Australia. [Marseille y Laneyrie-Dagen, 2004]

Por otro lado, algunos trabajos, realizados por naturalistas que vieron *in situ* dichos seres, parecen dar credibilidad al fenómeno. [Trujillo Medina, 2007] Entre ellos podríamos citar a Konrad Gesner quien en *Historia Animalium* (1515), menciona una bestia cartilaginosa, hallada en el mar Rojo, dotada de brazos similares a los de un antropoide, pero con la típica cola de un pez, a la que denominó "simia marina".[6] [Trujillo Medina, 2007]

Figura 3. *pisces chondropterygii* según un grabado del libro *The natural history of British fishes*, de Edward Donovan (1808)

---

[6] Dicha descripción se ha relacionado con el *pisces chondropterygii*, en algunos tratados antiguos (figura 3). [Donovan, 1808] [Cuvier, 1834] [British Museum, 1851]

Otro extraño ser, cuya mitad superior era la de una mujer de piel blanca y larga melena negra, pero que tenía una cola similar a la de un delfín, aunque moteada, es mencionado por dos oficiales del capitán Henry Hudson cuando en 1608 exploraban un paso hacia el océano pacífico por los mares árticos. [Bondeson, 2000] [Trujillo Medina, 2007] También sir Richard Whitbourne afirmó haber visto seres semejantes. [Bondeson, 2000] Otro caso interesante es la descripción que realizó Georg Wilhelm Steller en 1741 y que denominó "simio acuático". O el libro del explorador de la Antártida James Weeddell, que publicó en 1827 basándose en el relato de uno de sus hombres que le había asegurado haber visto y escuchado a una criatura acuática de forma humana. [Trujillo Medina, 2007]

Merece cierta consideración el caso de la descripción de Steller, ya que toda la tripulación del buque Saint Peter pudo ver las características del insólito ser y teniendo en cuenta que Steller fue un reconocido naturista y el primero en descubrir la especie de león marino, vaca marina (figura 4) [7] y otros especímenes, es difícil que se trate de una fabulación [Trujillo Medina, 2007] y el propio Steller

---

[7] Es el mayor sirenio que ha existido jamás y al contrario que otros sirenios, la vaca marina de Steller era el único conocido que habitaba en aguas frías; este enorme mamífero era un animal estrechamente emparentado con el dugongo (*Dugong dugon*) fue codiciado por los marineros, que lo cazaron en gran número hasta su extinción en 1768, apenas 27 años después de su descubrimiento (se han referido algunos avistamientos en las islas del Comandante y otras islas cercanas, pero la existencia de este animal después de 1768 no ha podido ser probada nunca de forma fiable). [Colaboradores de Wikipedia, 2010]

mencionó que el animal que habían observado, tenía un parecido con el simia marina descrito por Gesner. [Frost, 1993] [Trujillo Medina, 2007]

Y no olvidemos que ¡sería el único animal descrito por Steller que no ha sido corroborado por evidencia física! [Coleman y Huyghe, 1999]

Dado que no es posible que exista un cruce entre mamífero y pez, [Bondeson, 2000] ¿Qué explicación podemos dar?

Figura 4. Dibujo de la vaca marina de Steller realizado hacia 1750.

<u>Referencias bibliográficas:</u>

* Antón DJ, Díaz Delgado C. *Sequía en un mundo de agua*. Ed. CIRA-UAEM; 2002

* Benwell G, Waugh A. *Sea enchantress: the tale of the mermaid and her kin*. Londres. Ed. Hutchinson; 1961

* Berdayes Milian Y. *Las sirenas, ¿han existido alguna vez?* Revista Bohemia Digital. 2007; año 98, enero. Disponible en: http://www.bohemia.cu.

* British Museum. *List of the specimens of the British animals in the collection of the British museum*. British Museum (Natural History). Dept. of Zoology; 1851

* Bondeson J. *La sirena de Fiji*. 2000. México. Ed. Siglo XXI

* Caro Rodríguez I. *Los hombres peces en la edad media y contemporánea*. 1616: Anuario de la Sociedad Española de Literatura General y Comparada. 2006. nº 12:219-225

* Colaboradores de Wikipedia. *Hydrodamalis gigas*. Wikipedia, la enciclopedia libre. Disponible en:, http://es.wikipedia.org/w/index.php?title=Hydrodamalis_gigas&oldid=3 3294941 [consultada 14 de febrero de 2010].

* Coleman L, Huyghe P. *"North America"*. *The Field Guide to Bigfoot, Yeti, and Other Mystery Primates Worldwide*. 1999. Nueva York. Ed. Avon Books

* Cuvier G. *The class Pisces*. Ed. Whittaker; 1834

* Donovan E. *The natural history of British fishes* (Volumen 5). Ed. Rivington; 1808

* Fiebag P, Gruber E, Holbe R. *Enigma-Die Grossen Rätsel unserer Welt* (6 tomos). 2002. Múnich. Ed. Wissen Media Verlag

* Frost OW. *Journal of a Voyage with Bering, 1741-1742*. Ed. Stanford University Press; 1993

* Gascón Ricao A. *La maravillosa historia de Francisco Vega, el "hombre-pez" de Liérganes*. Al Otro Lado de la Ciencia. 2007. 3ª Época, Nº 12, septiembre: 3-13

- Hernández Fernández O. *Tiempo de indias: crónicas e imágenes del nuevo mundo y la expresión literaria latinoamericana*. Sapiens, jun. 2008, vol.9, no.1, p.213-234
- Ježová M, Múčková K, Souček O, Feit J, Vlašín P. *Hypertext atlas of fetal and neonatal pathology*. Diagn Pathol. 2008; 3(Suppl 1): S9.
- Jiménez, I. *Los manatíes del río San Juan y los Canales de Tortuguero: ecología y conservación*. 2000 Amigos de la Tierra. San José, Costa Rica. 120 pp.
- Jones KL. *Atlas de malformaciones congénitas*. 4ª edición. México. Ed. Interamericana/McGraw-Hill; 1990
- Littlepage D. *Steller's Island: Adventures of a Pioneer Naturalist in Alaska*. 2006. Ed. The Mountaineers Books
- Marseille J, Laneyrie-Dagen N. *Los grandes enigmas*. Barcelona. Ed. Larousse; 2004
- Morgan E. *Eva al desnudo*. Barcelona. Ed. Plaza & Janes; 1973
- Nuñez J, Arcienaga G, Bustillo J. *Sirenomalia*. Rev. Inst. Méd. Sucre 2003; 68(123):67-70.
- Trujillo Medina L. *Biodiversidad y Evolución*. 2007. Ed. Bubok Publishing.
- Velásquez Zea VH. *Las "sirenas" o "yakurunas" y la cosmovisión amazónica sobre las fuentes de agua*. 2008. Disponible en: http://www.monografias.com
- Wallace DR. *Neptune's Ark: From Ichthyosaurs to Orcas*. Ed. University of California Press; 2008

CAPÍTULO I: El simio acuático

Algunos investigadores piensan que la respuesta a la existencia de las sirenas podría encontrarse en la supervivencia de una especie humanoide primitiva que se adaptó a la vida acuática. [Trujillo Medina, 2007]

Para avalar dicha hipótesis, existen una serie de descubrimientos inquietantes, veamos unos ejemplos:

A mitad de camino entre Honolulu y Manila, en un lugar llamado Nan Mandol (islote de Temuen, islas Carolinas, Pohpei), existen gigantescos bloques de basalto, construidos sobre 400.000 columnas (algunas pesan 2.500 kilos). El nombre polinesio significa "lugar de los intersticios", pero hace 200 años el archipiélago se llamaba Soun Nan-Leng "arrecife celestial", ya que allí creían que descendían los dioses del cielo. En total Temuen está formado por 82 islas artificiales, con un cimiento previo de enormes vigas de piedra debajo del agua. Sobre ellas erigieron gigantescos edificios de tipo blocao. Las columnas hexagonales y octogonales (de hasta 9 metros) formadas por estratos transversales, resiste desde hace siglos la fuerza de la naturaleza (se cree que datan del año 200 aC) una red de canales lo circunda. Unos monolitos con dibujos de cruces, cuadrados y rectángulos están erigidos a unos 20-35 metros bajo el mar, en una línea perfectamente recta que se pierde en la profundidad del mar. Existen túneles subterráneos que transportan agua a los lagos artificiales emplazados en las islas (también artificiales), existen además galerías subterráneas que se adentran muy por debajo del nivel del mar. [Fiebag et al., 2002] Durante la ocupación de las Carolinas por los japoneses (entre 1.919 y 1.944), la prensa alemana (en 1939) se hizo eco de que submarinistas japoneses habían efectuado inmersiones y habían sacado del lecho del mar trozos de platino. Pero no de alguna formación natural recubierta de coral, sino de un tesoro submarino. [Faber-Kaiser, 1991] Noticias posteriores afirmaban que en la costa oriental de Pohpei, se hallaban diseminadas en una amplia área misteriosas construcciones cubiertas por la jungla: un sistema de canales, muros ciclópeos, ruinas de fortificaciones, ruinas de palacios, etc., [Faber-Kaiser, 1991] y que los buzos de la marina descubrieron viviendas, calles y bóvedas de piedra en el fondo del mar. [Fiebag et al., 2002] Se dice que hallaron ataúdes de platino cerrados herméticamente y los llevaron a la superficie, hasta que unos buzos ya no volvieron y se suspendió el desmantelamiento. [Fiebag et al., 2002] Para el escritor y experto en astronáutica Walter-Jörg Langbein, que recogió las leyendas antiguas de los habitantes; piensa que seres marinos inteligentes, criaturas anfibias, construyeron todo esto y lleva años pidiendo que se explore el fondo marino que rodea el archipiélago con robots, para poder penetrar en lugares que hasta ahora ningún buzo puede hacerlo. [Fiebag et al., 2002] No en vano, hay quien afirma que debajo de la isla, se esconde una página secreta de la historia de la humanidad y por esta razón, los iniciados de la hermandad de los *tsamoro* le dan a su isla justamente este nombre: "sobre el secreto". [Faber-Kaiser, 1991].

De igual modo, existen algunos relatos que bien podrían usarse como argumento para avalar la hipótesis de un material genético anfibio en el ser humano, veamos algunos ejemplos:

Hacia el año 1200, el cronista inglés Ralph de Coggeshall hace el siguiente relato: "Durante el siglo pasado, bajo el reinado del rey Enrique II, unos pescadores de Oxford capturaron en el Canal de la Mancha a un hombre desnudo, que nadaba con soltura bajo el agua. Encerrado durante varios días, éste se alimentó principalmente de pescado. No pronunciaba la más mínima palabra, aún bajo las peores torturas. Vuelto al agua, rasgó la red que lo retenía y consiguió hacerse mar adentro. Después de un tiempo, volvió a la orilla y vivió durante dos meses entre la gente de Oxford antes de volver definitivamente a su elemento natural." [Marseille y Laneyrie-Dagen, 2004]

Una tradición asegura que en la cripta del monasterio de Nuestra Señora del Real (Nuestra Señora del Lis) reposan los restos de una reina llamada Sapa, que según dicen, tenía los pies palmeados. Dicha diosa, se ha relacionado con la Virgen de Nágera e incluso con la reina de Saba. [Ribero Meneses, 1999] La cual también tenía patas de oca.[8] [Tausiet y Amelang, 2004]

Pedro Mexía, en su *Silva de Varia Lección*, menciona el caso de "pesce Cola" o "peje Nicolao". También conocido como "pez Nicolao"; según asegura Alexander ab Alexandro basándose en

---

[8] Según otras versiones eran patas velludas de cabra. [Tausiet y Amelang, 2004]

Joviano Pontano, era un siciliano natural de Catania, que vivió hacia la segunda mitad del siglo XV. Este hombre, según parece, era capaz de salvar grandes distancias a nado, y de permanecer hasta tres cuartos de hora bajo el agua, por lo que le empleaban como correo marítimo entre los puertos del continente y las islas. [Bastús y Carrera, 1834] Juan de Mandevilla en el *Libro de las Maravillas del Mundo*, aparecido por primera vez en Valencia en 1.515, y Antonio de Torquemada en su *Jardín de Flores Curiosas*, publicado en Salamanca en el año 1.570, se hacen eco de las curiosas noticias de estos extraños personajes acuáticos. En el volumen VI del *Teatro Crítico Universal* (1.726-1.740) de fray Benito Jerónimo Feijoo se relata la historia del hombre-pez de Liérganes. [Gascón Ricao, 2007]

Si tenemos en cuenta que en humanos la causa más común de asfixia es la transferencia de un ambiente de aire a uno acuoso o líquido, [Molfino, 2004] dichas narraciones ponen de relieve la posibilidad de una alteración o una hibridación de la especie, o tal vez, una regresión evolutiva, quien sabe.

Lo cierto es que dicha supuesta hibridación no sería la primera relatada en la literatura y, en base a los relatos, se pone de manifiesto que dichos seres deben poseer un material genético similar al humano, ya que, por ejemplo, la leyenda de La Tlanchana (también llamada Clanchana, Achane o sirenita de Tilapa) narra algunos encuentros sexuales, con descendencia, de dicho ser con marineros de la zona. [Antón y Díaz Delgado, 2002] Otras leyendas aseguran que es posible casarse con una *selkie* (ser mitad foca y mitad mujer) y tener prole.

[Velásquez Zea, 2008] Paracelso (Theophrastus Bombast von Hohenheim, 1491-1544), distinguía entre ondinas (a las que también denomina ninfas) y sirenas; para dicho autor, las ninfas tienen aspecto humano y puede tener relaciones sexuales con humanos y tener hijos. Si eso ocurre adquieren "alma" (por ello sus intentos de "aproximación" hacia los hombres); aunque si no se mantienen lejos de su medio, el hombre no puede retenerlas y si, después de tener relaciones con ellas, éste la sigue al agua, acabará ahogándose en el fondo. Si tras mantener relaciones sexuales, el hombre les es infiel, la ninfa volverá para matarlo. [Paracelso, 1994] En cuanto a las sirenas; según el mismo autor, no poseen aspecto de mujer, aunque se le asemejan en parte. Son la descendencia de las ninfas cuya misión consiste en advertir de sucesos graves relacionados con muertes de reyes y príncipes. [Paracelso, 1994]

Y no solamente se mencionan casos de apareamientos de humanos con hembras; sino que también puede ser a la inversa; así por ejemplo en la selva norte de Loreto y Ucayali, se habla de que los bufeos, se pueden transformar en personas y seducir a las jovencitas de los pueblos y caseríos de las orillas de ríos y lagos. [Velásquez Zea, 2008] De igual modo, se menciona que los "hombres del agua" (yakurunas), de vez en cuando sale a la superficie para atrapar a la persona de su agrado y llevarla a vivir a las profundidades para siempre. [Velásquez Zea, 2008] Y según la leyenda de Meroveo (el primer Merovingio), dicho personaje tuvo ¡dos padres!, ya que cuando su madre estaba ya embarazada de su esposo (el rey Clodion), fue seducida y fecundada por segunda vez por una criatura que llego allende de los mares, una "bestia de Neptuno parecida a un quinotauro". [Baigent et al., 2004]

Si todos estos datos hacen creíble la existencia de dichos seres, debemos al menos, formular alguna hipótesis sobre su procedencia, y lo cierto es que, existe…

En círculos científicos, la hipótesis de la supervivencia de una especie humanoide primitiva que se adaptó a la vida acuática fue presentada ya en 1755 por Benoit de Maillet. [Trujillo Medina, 2007]

Dichas teorías podrían enlazarse con la del simio acuático propuesta por algunos investigadores, por lo que es preciso dar unos apuntes sobre ella:

Estamos clasificados dentro de los mamíferos primates pero somos la especie de monos más diferente dentro del grupo. Max Westenhöffer en *Der Eigenweg des Menschen* propuso que dichos rasgos específicos especiales, tenían relación con nuestra historia evolutiva, la cual transcurrió en relación al agua. [Mora Ulloa, 2004] Pocos años más tarde, en 1960, Alister Hardy en un artículo publicado en *The New Scientist*, expuso la teoría de que el ser humano actual, hubiese evolucionado cerca de ambientes lacustres; Desmond Morris en el *Mono Desnudo*, reconoció que la teoría se apoyaba en "indicios indirectos impresionantes". [Morgan, 1973] Posteriormente, la feminista Elaine Morgan la popularizó en varios libros. [Mora Ulloa, 2004] La denominada teoría del simio acuático AAT (aquatic ape theory) propone que varios aspectos de nuestra anatomía, y de nuestra fisiología, solo pueden ser entendidas si evolucionamos habiendo vivido en el agua, al menos por algunos millones de años. [Mora Ulloa, 2004]

Pese a que se ha vinculado la bipedestación en el ser humano por la adaptación a la expansión de la sabana. [Tristán, 2007] Actualmente se sabe que la bipedestación surgió entre los homínidos cuando estos todavía habitaban un medio denso en árboles, de modo que no fue una respuesta adaptativa al surgimiento de la sabana (pues ya existía como medio eficaz de locomoción entre los homínidos, casi tres millones de años antes de que la sabana hiciera su aparición en las zonas geográficas que ocupaban los homínidos. [Marmelada, 2006]

Según Hardy, el ser humano habría modificado la pelvis tal que permitiese la locomoción bípeda sobre fondos de aguas poco profundas. Esta postura corporal oculta la vulva de la hembra y algunas veces el trasero, de manera que las mamas habrían asumido un rol de mayor importancia en el atractivo sexual sobre los machos siendo reproductivamente más exitosas aquellas hembras con areolas llamativas y mamas de mayor volumen semejando así un trasero (las mamas de la hembra humana están abultadas por una deposición de grasa que no participa en la secreción de leche). Dado que los individuos estaban casi todo el tiempo al mismo nivel (a diferencia de los monos terrestres que se ubican sobre árboles y piedras según su lugar en una jerarquía), y dado que seguramente se desplazaban constantemente durante el día, la comunicación derivó preferentemente hacia el uso de señales sonoras, favorecida por la profundidad de la laringe que puede así generar mayor gama de sonidos. Por las condiciones de vida de nuestros ancestros acuáticos, y por la evolución que operó en ellos, habrían surgido muchas de nuestras características humanas, incluyendo nuestra piel, nuestro lenguaje y nuestra conspicua sexualidad, [Mora Ulloa, 2004] junto a otras características del ser humano, que no se dan en otros primates pero sí en mamíferos acuáticos (tales como el reflejo de buceo, mayor sensibilidad en las yemas de los dedos, lágrimas, carencia de pelo, membranas interdigitales, nariz prominente, etc.). [Valkenburg Conference, 1987]

¿Da todo ello pie a creer en una evolución paralela del ser humano que hubiese producido seres anfibios?

Autores como Marc Verhaegen (Centro de Estudios Antropológicos de Putte, Bélgica,); John M. Patrick (departamento de Fisiología del Aga Khan Medical College, Karachi, Pakistán); Erika Schagatay (departamento de Fisiología Animal de la Universidad de Lund, Suecia); Sarah B.M. Kraak (del Centro Biológico de la Universidad Estatal de Groningen, Países Bajos); Machteld Roede (departamento de Filosofía Médica y Ética de la Salud de la Universidad Estatal de Limburg, Maastricht, Países Bajos); Graham Richards (departamento de Psicología de la Universidad East London, Reino Unido), Phillip Tobias (profesor de la Universidad de Witwatersrand, Johannesburgo, Sudáfrica); Michael Crawford (Instituto de Química Cerebral y Nutrición Humana de la Universidad North London , Reino Unido), etc., opinan que las teorías de Hardy, son las únicas que pueden explicar el paso a la bipedestación. [Valkenburg Conference, 1987] Actualmente sabemos que ballenas e hipopótamos, poseen un ancestro común y que el paso de mamíferos de agua dulce a navegantes de alta mar tomó menos de 10 millones de años. [Chadwick, 2001] Por lo tanto, existe una posibilidad de que el ser humano adquiriese características anfibias en 4 millones de años.

No está del todo claro por qué el pulmón humano tiene una eficiencia menor que otros seres; sin embargo, en reptiles, el pulmón se divide en una o varias cavidades, lo cual sirve para el intercambio gaseoso, pero también como reserva de oxígeno, y así permite largos períodos de apnea. [Molfino, 2004] Dicha idea supone que una adaptación a un ambiente lacustre es posible, máxime si tenemos en cuenta que los pulmones de neonatos humanos y otros mamíferos están ocupados con líquido inmediatamente antes de nacer. La composición iónica de estos líquidos indica que existe un transporte activo en las células epiteliales de los espacios alveolares. Las concentraciones de sodio, potasio, cloro y proteínas en este líquido son similares también en reptiles marinos como las tortugas, e indican que el desarrollo pulmonar podría estar bajo el control de un mismo mecanismo en varias especies. [Molfino, 2004] Además, si nos atenemos a los distintos periodos del desarrollo de manos y pies entre la cuarta y la séptima semanas, se aprecian en las últimas fases como los dedos están unidos por membranas, lo cual evidencia un pasado anfibio en humanos. [Rocha, 2006]

Sin embargo, y pese a que actualmente aún se cita en círculos académicos relacionados con la psicología, en especial sobre la sexualidad, [Mora Ulloa, 2004] la teoría del simio acuático, no ha sido aceptada por biólogos ni por antropólogos (disciplina especializada en el tema); y más bien permanece viva principalmente en la literatura comercial y no científica. [Kiff, 2006] Y así, pese a que resulta imposible dar una respuesta concluyente a la pregunta de si había un simio acuático, y existen una serie de argumentos a su favor, no son lo suficientemente convincentes para contrarrestar los argumentos en contra. [Valkenburg Conference, 1987]

De hecho, uno de los argumentos más convincentes, el relacionado con la bipedestación, podría ponerse en su contra ya que dicho logro podría haberse conseguido mucho antes que existiese el homínido. Ya hace muchos años que personas como el zoólogo Francois de Sarre, defendían la teoría denominada "bipedia inicial", según la cual la aparición de la bipedia (la facultad de caminar sobre dos patas), no fue un avance evolutivo que llegó con el ser humano, sino que es muy anterior. [Trujillo Medina, 2007] Con el tiempo, parece que dicha hipótesis era correcta, ya que se ha encontrado que en el mioceno, hace 21 millones de años, el *Morotopithecus bishopi*, habría sido el primer simio en enderezar la columna para caminar erguido debido a una mutación genética. [Tristán, 2007]

Pero al margen de la teoría del simio acuático, algunos autores insisten en la existencia pasada de una humanidad anfibia. [Ribero Meneses, 1999] [Ribero Meneses, 2001] [Rocha, 2006] Alegando que existen antiguas crónicas que mencionan pueblos remotísimos que se movían en el agua con la misma velocidad y agilidad que los peces. [Ribero Meneses, 1999]

De igual modo, relatos religiosos, como el *Edda*, afirman que los hombres pez eran una raza humana. [Caro Rodríguez, 2006] E incluso algunas representaciones de nuestros antepasados, dibujaban con colas de pez a Adán y Eva. [Ribero Meneses, 1999]

¿Existe algún dato con suficiente fundamento que podamos aportar para tales afirmaciones? Tal vez si revisamos algunas antiguas creencias y documentos, de los albores de la civilización, podamos obtener una respuesta adecuada...

Referencias bibliográficas:

- Antón DJ, Díaz Delgado C. *Sequía en un mundo de agua*. Ed. CIRA-UAEM; 2002
- Baigent M, Leigh R, Lincoln H. *El enigma sagrado*. 2004. Ed Martínez Roca.
- Bastús y Carrera VJ. *Nuevas anotaciones al Ingenioso hidalgo D. Quijote de la Mancha, de Miguel de Cervantes Saavedra*. 1834. Ed. Hijos de Gorsch
- Caro Rodríguez I. *Los hombres peces en la edad media y contemporánea*. 1616: Anuario de la Sociedad Española de Literatura General y Comparada. 2006. nº 12:219-225
- Chadwick D. Revista National Geographic, Octubre 2.001
- Faber-Kaiser A. *La isla secreta*. 1991. Disponible en: http://andreas.faber.cat/
- Fiebag P, Gruber E, Holbe R. *Enigma-Die Grossen Rätsel unserer Welt* (6 tomos). 2002. Múnich. Ed. Wissen Media Verlag
- Gascón Ricao A. *La maravillosa historia de Francisco Vega, el "hombre-pez" de Liérganes*. Al Otro Lado de la Ciencia. 2007. 3ª Época, Nº 12, septiembre: 3-13
- Kiff J. *Aquatic ape hypothesis*. 2006. Disponible en: http://psychology.wikia.com/wiki/Aquatic_ape_hypothesis.
- Marmelada CA. *Evolución humana: descubrimientos más recientes*. Curso de actualización Ciencia, Razón y Fe. 28.VIII.2006
- Marseille J, Laneyrie-Dagen N. *Los grandes enigmas*. Barcelona. Ed. Larousse; 2004
- Molfino NA. *Evolución funcional del pulmón y síntomas respiratorios*. Arch Bronconeumol 2004;40(10):429-30
- Mora Ulloa W. *Sexo, Neotenia y AAT*. 2004. Universidad de Chile Sede Ñuble- Chillan.
- Morgan E. *Eva al desnudo*. Barcelona. Ed. Plaza & Janes; 1973
- Paracelso. *Tratado de las ninfas, los silfos, los pigmeos, las salamandras y otros seres*. Elementos. 1994 (22) 3: 3-11.
- Ribero Meneses JM. *La edad anfibia*. Ed. Ediciones de Cámara; 2001
- Ribero Meneses JM. *Somos anfibios*. Diario Alerta. 17/01/1999

- Rocha Martínez F. *Cicatrices. Nueva teoría de la evolución.* Ed. Ediciones El Universal; 2006
- Tausiet M, Amelang JS. *El diablo en la edad moderna.* Ed. Marcial Pons Historia; 2004
- *The Aquatic Ape: Fact or Fiction.* The Valkenburg Conference. 1987. Disponible en: http://www.riverapes.com/AAH/FoF/FactOrFiction.htm.
- Tristán MR. *El bipedismo surgió de una mutación genética hace 21 millones de años.* Diario El Mundo. 10/10/2007
- Trujillo Medina L. *Biodiversidad y Evolución.* 2007. Ed. Bubok Publishing.
- Velásquez Zea VH. *Las "sirenas" o "yakurunas" y la cosmovisión amazónica sobre las fuentes de agua.* 2008. Disponible en: http://www.monografias.com

La creencia en una subespecie de humanos con cola de pez es muy antigua. Muchas leyendas mencionan criaturas semihumanas, con figura humana y cola de pez, casi siempre hembras, que vivían en el agua. [Bondeson, 2000] Lo cierto es que en realidad, podemos encontrar dichas descripciones en prácticamente todas las civilizaciones:

En Siria se veneraba a Atargatis (la diosa de la Luna) de aspecto anfibio [Bondeson, 2000] Los etruscos creían en Tirreno mitad hombre mitad pez y en Aqueloo, dios del agua representado con forma anfibia con cuernos o con la figura de Toro. Los filisteos veneraban al anfibio Dagon. Los cananeos adoraban al híbrido mitad humano y mitad pez Dagan. A Derceto, divinidad femenina medio pez se la veneraba en Ascalón [Temple, 1998] y en toda Filistea. [Strong, 1913] Asociándola a Atargatis y Astarté. [Brandon, 1975]

La mitología griega está llena de seres anfibios desde Tifón, que encabezó una rebelión contra Zeus; Nereo-el más antiguo anciano del mar- con sus 50 hijas las nereidas; Poseidón (el rey del mar que desplazó a Nereo); Cécrope (Krekops) el fundador de Atenas y su hijo Erictonio (Erecteo); Escila; los ancianos del mar: Proteo, Tritón, Glauco, Forcis, Palaimon y Nigaión, del cual el más importante seguramente sea Tritón cuyo nombre significa "un tercio" y fue probablemente un dios libio asimilado a los griegos, muy relacionado con los primitivos cultos de dioses marinos (Delfinios, Apolo, Dagon y Derceto). [Temple, 1998] Sin olvidar a las náyades, ninfas del agua con cuerpo de mujer las cuales pueden sobrevivir solamente si su manantial de agua dulce y fresca, no se seca. [Velásquez Zea, 2008] Por ello, probablemente, en toda Europa aún persisten leyendas sobre seres anfibios humanos, así en Escandinavia encontramos a los *neck*, sirenas de agua dulce y salada. [Velásquez Zea, 2008] Los *rusalka* en ruso y eslavo son los espíritus del agua, que habitan a las riveras de los ríos. [Velásquez Zea, 2008] Las *nixe* y *nix* de aguas nórdicas son espíritus, que atraen a la gente al agua en que viven (los *nixes* machos asumen cualquier forma). Las *Gwragedd Annwn*, según una leyenda galesa, eran las doncellas del lago que se casan con los hombres que ellas escogían. El Glaistig escocés es una ondina (elemental del agua-mitad mujer y mitad cabra) que podía ser vista en tierra pero que invariablemente era asociada con el agua. La *murduchu* ("canción del mar" o "canto del mar") de Irlanda es una sirena que si se le roba su tocado ya no puede cantar nunca más. Los *selkies* (o *sealchies*) de Irlanda y Escocia son mitad foca y mitad mujer (la foca se convierte en mujer al pisar tierra firme y quitarse su piel de foca). [Velásquez Zea, 2008]

También en América existen muchas leyendas sobre sirenas y personajes relacionados con el agua; como el relato prehispánico de La Tlanchana que habitaba en las lagunas del río Lerma y del volcán Xinantecatl (Nevado de Toluca). [Antón y Díaz Delgado, 2002] O de la Pincoya de Chile, sirena conocida en el archipiélago Chiloé.

[Velásquez Zea, 2008] Los pueblos andinos se reconocían hijos de un ser anfibio denominado Piraruku, al que se le dedicaban danzas bailadas en círculo, [Ribero Meneses, 1999] y en la toda la Amazonia peruana así como en las zonas andinas y en la costa, se conoce el mito de la existencia de las "sirenas" y de los "hombres del agua" (*yakurunas*) [Velásquez Zea, 2008] que habitan en el fondo de ríos caudalosos y lagos profundos [Velásquez Zea, 2008] [Huamán, 1981]. Además, existen otras leyendas relacionadas como el Boto (espíritu del agua que vive en el delfín y que se puede transformar en humano). Yara "madre del agua" de rio y lagos amazónicos. La Yacumama (*Yacupamama Mayumaman*) espíritu protector del agua. Los *wandras* (espíritus de las aguas) de Panamá, etc. [Velásquez Zea, 2008]

En Japón se menciona a los *ningyo*, pez con solo la cabeza de mujer que llora perlas en lugar de lágrimas. [Velásquez Zea, 2008] Y también a los *kappas*, de cuya descripción, se pueden extraer conclusiones muy interesantes. [Casero, 2010] [McGray, 2008] [Danyans, 1980]

En África, *Mami Wata* ("mama agua") es representada a menudo con el torso femenino y cola de pez. [Drewal et al., 2008] Un espíritu de las aguas primordiales femenino a veces conocido como Tingoi o Njaloi preside los ritos de iniciación femenina entre los diversos pueblos de Sierra Leona y Liberia, Mende, Temne, Bullom, Vai, Gola, Dei, Krim, Kissi, y Bassa; siendo a menudo comparado con una sirena, y los pueblos musulmanes la mencionan como un espíritu

(*Jina*) femenino con la parte inferior del cuerpo con forma de pez.
[Drewal, 2008] En general, todas las creencias indígenas africanas
relacionadas con deidades del agua, fueron representadas como
híbridos entre humano y animal acuático, lo cual sirvió de base para
asimilar las imágenes de sirenas de los mitos europeos (portugueses,
neerlandeses, etc.). [Drewal, 2008] Entre los dogones de Malí (África)
a estas criaturas les denominan *Nommo* ("instructores"). [Temple,
1998]

En la isla de Pascua, se menciona la leyenda de Tangaroa, dios del
mar, el cual tenía apariencia de foca. Una de las esculturas de la isla,
representa a un hombre con extremidades de león marino. [Mazière,
1973]

Figura 5. El dios Proteo. Grabado en madera por Jörg Breu para el libro *Emblemata* de Andrea Alciato (1531).

En España, se menciona a la diosa anfibia Onga, la cual algunos autores aseguran que ha dado nombre a las extremidades palmeadas o ancas y la relacionan con la *Cova de Onga* e incluso con los términos *onga* (beneficio), *ongo* (favor) y *ongi* (paz). [Ribero Meneses, 1999]

El término sirena proviene del griego antiguo *seirén* (*seirēnes* en plural) que significa "encadenado", seguramente inspirado en el sánscrito *Kimera* ("quimera") [Graves, 1988]

Figura 6. Ulises (Odiseo) y las sirenas. Cerámica ática de tipo stamnos (480-470 aC), encontrada en Vulci. British Museum.

Algunos creen que había solamente dos sirenas; otros, que eran tres, a saber: Parténope, Leucosia y Ligia; o Pisínoe, Agláope y Telxiepia; o

Aglaofeme, Telxíope y Molpe. Otros nombran a cuatro: Teles, Redne, Telxíope y Molpe. [Graves, 1988] Platón describió ocho, porque ese es el número de las notas musicales de una octava. [Temple, 1998]

Se mencionan por primera vez en *La Odisea* (obra atribuida a Homero) siendo las sirenas cantoras que atraían a los marineros a las rocas. [Temple, 1998]

Aunque en su forma original eran seres híbridos de mujer y ave, posteriormente (periodo post-clásico) la representación más común las describe como mujeres jóvenes con cola de pez. [Graves, 1988] Probablemente por asimilación a las górgonas. [García Fuentes, 1973] Según la Real Academia de la Lengua; una sirena es: (sic) "una ninfa marina con busto de mujer y cuerpo de ave, que extraviaba a los navegantes atrayéndolos con la dulzura de su canto. Algunos artistas la representan impropiamente con torso de mujer y parte inferior de pez." [RAE, 2010]

Es por ello que en muchas lenguas no latinas distinguen la sirena original clásica (inglés *siren*, alemán *Sirene*) de la sirena con cola de pez (inglés *mermaid*, alemán *Meerjungfrau*). [Wikipedia, 2010]

El término deriva según algunas interpretaciones de la palabra púnica *sir* ("canto"), o del vocablo semítico *seiren* ("hembra que fascina con sus cantos").[9] [Rodríguez López, 1998] R. Graves opina que aunque su nombre se deriva habitualmente de *seirazein*, "atar con una cuerda", es más probable, que el término provenga de otra acepción de

---

[9] Es curioso señalar que según Liddell y Scott, en *A Greek-English Lexicon*, el término *seirên* se refiere a una constelación como *Seirios* (Sirio en griego). [Temple, 1998] Lo cual, como veremos, puede ser significativo.

seirazein que significa "secar", [Graves, 1988] y por tanto, las dos sirenas nombradas en *La Odisea*, representarían aspectos gemelos de la diosa en el solsticio estival, cuando los pastos griegos se secan: Antevorta y Postvorta,[10] la que ve proféticamente el reinado del nuevo rey y la que llora al viejo. [Graves, 1988] Por otro lado, tras el simbolismo inicial, parece esconderse una realidad, y es que se pudo asociarse la reverberación del sonido, cercano a rocas, con sirenas (y de ahí su "peligro" para la navegación). [Rodríguez López, 2007]

Según la mitología griega, las tres Sirenas (Homero sólo menciona a dos) eran hijas cantoras de la Tierra, que atraían a los marineros a las praderas de su isla, donde se amontonaban los huesos de sus víctimas anteriores (Odisea XII. 39 ss. y 184 ss.). [Graves, 1988] Se las describía como mujeres aves y tienen mucho en común con las Aves de Rhiannon,[11] en el mito galés que lloraban por Bran y otros héroes. [Graves, 1988] Si pensamos que el Ba egipcio se lo representaba como una mujer-pájaro; [Rodríguez López, 1998] y tenemos en cuenta que parejas de sirenas se grababan todavía en las tumbas en la época de Eurípides. [Graves, 1988] Debemos entender que el país de las sirenas se lo comprende mejor como la isla sepulcral que recibe al ánima del rey muerto, como la Avalon de Arturo; [Graves, 1988] por lo que las sirenas eran al mismo tiempo las sacerdotisas que le

---

[10] Son divinidades latinas que adivinaban el pasado y el futuro. Cuando una mujer se ponía de parto invocaba su nombre. Si el bebé venía de cabeza se nombraba a Antevorta, y si el parto se predecía de nalgas se exhortaba a Postvorta para que facilitara el alumbramiento. [ArteHistoria, 2010]

[11] Rhiannon era un Deméter de cabeza de yegua. [Graves, 1988]

lloraban y las aves que frecuentaban la isla como sirvientas de la diosa Muerte. Como tales pertenecían a un culto preolímpico, que es por lo que se dice que fueron vencidas en un certamen con las hijas de Zeus, las Musas. [Graves, 1988] Estrabón (I.2.12) mencionaba que se les da variadamente como lugar de residencia las islas Sirenusas (frente a Pesto), Capri y las cercanías del cabo Péloro de Sicilia. [Graves, 1988]

La identificación de Estrabón de la residencia de las sirenas con las islas sirenusas, ha sido relacionado con las islas Li Galli (frente a Positano, en el Golfo de Salerno), [Rodríguez López, 2007] siendo en realidad Sirenai en nombre de las islas y Sirenusas (Sirenoussai) un pico rocoso que podría haber albergado un santuario con motivo de los innumerables naufragios que allí tenían lugar, y que pudo a su vez, originar la relación de sirenas con naufragios ("peligros del mar") e incluso con su iconografía original (similar a un gallo). [Rodríguez López, 2007] Posteriormente, el motivo de la evolución de dicha representación hay que buscarlo en los seres híbridos pisciformes de los relatos del Próximo Oriente Mediterráneo. [Rodríguez López, 1998]

De esta forma muchas criaturas relacionadas con el mundo del mar, adoptaron la forma híbrida, y pese a que es muy posible que en el siglo II aC, ya existiesen representaciones clásicas de sirenas como mujer-pez; dicho cambio fue paulatino empezando probablemente en Bizancio y Egipto (existen relieves del siglo VI con dicha representación), siendo utilizada dicha imagen por la Iglesia (ej. *Liber*

Monstrorum) para dar un ejemplo moralizante y por ello, se aprecia la escena de Ulises en el *manuscrito Rodey* (siglo XV) como sirenas pisciformes, ya que dicha iconografía es la que más se difundió en la Edad Media. [Rodríguez López, 1998]

Sin embargo, es bien posible que ambos términos (mujer-pez y mujer-ave) sean en realidad sinónimos, ya que en Sumeria podemos encontrar numerosos relatos de seres descritos como anfibios y con inteligencia y lenguaje humanos (Oannes, Enki, etc.) [Temple, 1998] que fueron considerados semidioses (o semidemonios) [Temple, 1998] y que en general los denominaron *Abgal* (*Apkallu* en acadio)[12] los cuales están representados tanto con cuerpos alados o con cabeza de águila, como por personajes similares a sirenas y tritones (ver figura 7 y 8). [Sitchin, 2002] [Ataç, 2006] Lo mismo ocurre con una representación de una figura china, en la que ambas opciones están presentes (ver figura 9).

---

[12] En la antigua Grecia, un semidemonio no era un ser de forma espiritual, sino un ser encarnado que tenía cualidades fuera de lo normal. [Temple, 1998]

Figura 7. Dos Apkallu. De la Biblioteca del rey Asirio Assurbanipal (669-631 aC). British Museum.

Figura 8. *Apkallu* excavado en Nimrud (la antigua Kahlu), del siglo IX- VIII aC Dicha figura estaba asociada a Enki y posee un traje de pez. Metropolitan Museum of Art. New York.

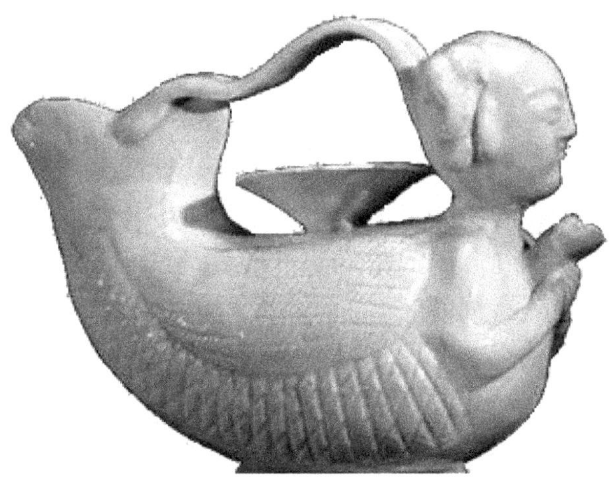

Otro punto a considerar, es la relación entre pez y reptil, lo cual se aprecia perfectamente en Egipto, donde el rey (y dios) Ptah poseía el epíteto (entre otros) de "señor de las serpientes y de los peces". [Brodrick y Morton, 2003] En dicho país, sabemos que la cobra se representaba con el jeroglífico *ārā* que significa serpiente y también diosa, aunque por lo general se encontraba usado como diosa (para representar a la serpiente se usaba el jeroglífico *tchet*). Para los egipcios la diosa Ast (conocida como Isis o Sothis), era la diosa más importante y la más sabia, se la suele identificar con la estrella Sirio (junto con Satis y Anukis, ¿las otras dos estrellas de Sirio?), en todas sus representaciones la podemos ver con una pequeña cola de pez e incluso en algunos motivos más tardíos (grecorromanos) se la representa con cola de serpiente en ocasiones entrelazada a la de su marido Serapis. También conocido como Osiris y Ausar "el más alto de todos los poderes" rey de Egipto que civilizó a la humanidad. [Temple, 1998]

En los estudios de arte antiguo de Egipto y Mesopotamia, se habla a menudo de una relación semántica y funcional entre el arte y la escritura con los períodos de formación de la cultura visual de las dos áreas geográficas, dicha relación se puede datar aproximadamente en el 3000 aC [Ataç, 2006] Dado que en Egipto tenemos una relación Dios-serpiente e inicialmente Dios-pez; podemos establecer semejanza con los relatos sumerios, ya que no debemos olvidar que existió un elemento emblemático en las primeras formas de arte egipcio y mesopotámico que nunca desapareció del todo, y que incluso en la escritura, fue compartida por Egipto y Mesopotamia pese a las fluctuaciones políticas y estilísticas conformando una especie de "tradición". [Ataç, 2006]

Dicha tradición, pese a que representó a los primitivos seres anfibios descritos en Mesopotamia como reptiloides, debemos pensar que describían a los mismo seres, dadas las semejanzas entre las religiones primitivas sumerias y egipcias descritas por Wallis Budge. De hecho, existe una tradición egipcia que menciona setenta y cinco "príncipes" anfibios procedentes de la isla de Ka y que podrían relacionarse con el "príncipe serpiente" del país de Punt[13] y sus setenta y cinco reptiles afines a él (e incluso, con la tradición persa de los setenta y dos reyes sulimanes de Kaz). [Ribero Meneses, 2001]

---

[13] Punt o *Taneter* (tierra de dios) era una tierra que algunos historiadores han identificado como de la costa africana. [Brodrick y Morton, 2003]

La relación entre reptil-pez, la encontramos también en China: A los héroes Fuxi y Nü Gua se les representaba con cuerpo de serpiente, cabeza humana y la virtud de un sabio; fundaron la civilización China, y a Fuxi, se le llamó "el emperador celeste" hacia el año 3.322 aC Según la tradición también el emperador Yü (dinastía Hsia) y su padre Gun -en los ideogramas sus nombres aparecen con el símbolo del pez (Gun) y con el de los reptiles (Yü)-, eran seres anfibios; además mencionan a Gong Gong (que era un monstruo cornudo con cuerpo de serpiente, responsable de haber inclinado el eje de la tierra); a todos estos añadiremos un misterioso ser que desde la profundidad del río Amarillo le rebeló los hexagramas del I Ching a Fuxi. De igual modo, en los grabados sobre dragones chinos más antiguos, se los representa de tosca figura y aspecto muy de pez, aunque más tarde (periodo Han-siglo II aC-) evolucionan a formas de reptil más plásticas y vigorosas. [Temple, 1998]

Es importante mencionar que el simbolismo del agua en la iconografía paleocristiana, aparece bajo la figura de la serpiente. [Yebra, 2010] También en la India Las *nagas*, son seres mitad humanos mitad serpiente que custodian la energía vital acumulada en fuentes, ríos y lagos (agua dulce). Viven en Patala (una región del submundo) dentro de palacios decorados con piedras preciosas. Su rey es Vasuki. Las princesas serpiente se veneran por su extraordinaria belleza y por convertirse en madres ancestrales de algunas dinastías. [Fiebag et al., 2002] En los textos hindúes sánscritos más antiguos, el Dios del Agua Trita aparece desde el año 1.500 aC Trita fue conocido también con el nombre de Aptya "la Deidad del Agua" y se considera que escribió parte de las Sagradas Escrituras. [Temple, 1998] El Dios Vishnú también es descrito como un Tritón en su primera encarnación o Matsya Avatar. [Fiebag et al., 2002]

En América, los aztecas adoraron a Quetzalcóalt, un dios que también se encuentra en la mitología olmeca y tolteca, al que llamaron "serpiente emplumada" (se cree que este nombre fue utilizado primeramente por los mixtecos que poblaron México en el año 660) y "estrella de la mañana". Les convirtió de salvajes en seres humanos enseñándoles lo mejor de la civilización; cuando dejaron de hacerle caso se marchó cruzando el océano Atlántico (gran lago). [Fiebag et al., 2002] La apariencia de Quetzalcóalt, según aclara Michel Graulich, tras analizar todos los mitos y relatos sobre él, es la siguiente: "aparte de las escamas del vientre y de la cola tiene el cuerpo cubierto de plumas verdes de quetzal". [Graulich, 2002] Entre los mayas se encuentra la misma tradición y fue llamado Kukulcan ("serpiente con plumas"). Entre los incas, la "serpiente con plumas" adopta el nombre de Viracocha. Los indios brasileños, a dicho personaje le denominaron Sumé. [Aziz, 1978] Si tenemos en cuenta que existen en el *Popol Vuh* algunas descripciones de seres anfibios "que parecían peces persona" (literalmente *winaq kar*) [Hancock, 1999] podemos deducir que se trata de las mismas descripciones.

Como conclusión, parece claro que la representación de las sirenas, tanto en su forma alada como anfibia, debe ser una reminiscencia de una tradición antigua, en la cual encontramos a unos seres de apariencia extraña (e incluso descrita como "repulsiva") que se dedicaron a civilizar diversas zonas de la Tierra.

<u>Referencias bibliográficas:</u>

- Antón DJ, Díaz Delgado C. *Sequía en un mundo de agua*. Ed. CIRA-UAEM; 2002
- ArteHistoria; revista Digital. *Antevorta y Postvorta*. En: *Glosario de las grandes civilizaciones: Roma*. Disponible en: http://www.artehistoria.jcyl.es [consultada 15-6-2010]
- Ataç M-A. *Visual Formula and Meaning in Neo-Assyrian Relief Sculpture*. The Art Bulletin. 2006; Vol. 88, No. 1 (Marzo): pp. 69-101
- Aziz P. *Los secretos de los templos Incas, Aztecas y Mayas*. 3 Volúmenes. Genève. Ed. Ferni y Círculo de Amigos de la Historia; 1978
- Bondeson J. *La sirena de Fiji*. 2000. México. Ed. Siglo XXI
- Brandon SGF. *Diccionario de religiones comparadas, Volumen 1*. Ed. Ediciones Cristiandad; 1975
- Brodrick M, Morton AA. *Diccionario de arqueología egipcia*. Ed. Edimat Libros; 2003
- Casero CE. *Los Kappas*. Disponible en: http://www.paleoastronautica.com/039_kappas.html
- Colaboradores de Wikipedia. *Sirena* [en línea]. 2010. Wikipedia, La enciclopedia libre. [fecha de consulta: 1 de febrero de 2010]. Disponible en: http://es.wikipedia.org/w/index.php?title=Sirena&oldid=33687548.
- Danyans E. *OVNIS: Enigma del espacio*. Ed. Plaza & Janes; 1980
- Drewal HJ, Houlberg M, Jewsiewicki B, Nunley JW, Salmons J. *Mami Wata: Arts for Water Spirits in Africa and Its Diasporas*. African Arts. 2008;41(2): 60-83
- Fiebag P, Gruber E, Holbe R. *Enigma-Die Grossen Rätsel unserer Welt* (6 tomos). 2002. Múnich. Ed. Wissen Media Verlag
- García Fuentes MC. *Algunas precisiones sobre las sirenas*. Cuadernos de filología clásica. 1973; n°. 5: pags. 107-116
- Graulich M. *Los reyes de Tollan*. Revista Española de Antropología Americana. 2002; 32: 87-114.
- Graves R. *Los mitos griegos Vol I*. 2005. 2° edición. Ed. Alianza
- Graves R. *Los mitos griegos Vol II*. 1988. Ed. Alianza
- Hancock G. *Las huellas de los dioses*. Barcelona. Ed. Ediciones B; 1999
- Huamán C. *Los Secretos de la Amazonía*. Ed. Grafital; 1981.

- Mazière F. *Fantástica isla de Pascua*. Barcelona. Ed. Plaza & Janes; 1973
- McGray JD. *Gente estelar*. 2008
- RAE. *Sirena*. Diccionario de la Real Academia de la lengua Española. 22ª edición. Disponible en: http://www.rae.es/ [consultada 1/1/2010]
- Ribero Meneses JM. *La edad anfibia*. Ed. Ediciones de Cámara; 2001
- Ribero Meneses JM. *Los diez "duques" cántabros*. Diario Alerta. Domingo 3/01/1999, p-44
- Rodríguez López MI. *La música de las Sirenas*. Cuadernos de arte e iconografía. 2007;(16)32: 333-356
- Rodríguez López MI. *Las sirenas: génesis y evolución de su iconografía medieval*. Revista de arqueología. 1998;19 (211): 42-51
- Sitchin Z. *El doceavo Planeta*. Barcelona. 2002. Ed. Obelisco
- Temple R. *El misterio de Sirio. Nuevas pruebas científicas de contactos con extraterrestres hace 5.000 años*. 1998. Ed Timun Mas
- Velásquez Zea VH. *Las "sirenas" o "yakurunas" y la cosmovisión amazónica sobre las fuentes de agua*. 2008. Disponible en: http://www.monografias.com
- Yebra J. *El agua y La Biblia*. Ed. Comunidad Cristiana Eben-Ezer. Disponible en http://www.ebenezer-es.org [Consultada en mayo de 2010]

Uniendo los términos griegos *mythos* ("fábula") y *logos* ("discurso") obtenemos la palabra mitología. [Padilla, 2002] La mitología está llena de relatos de sucesos inciertos e imposibles de comprobar, sobre los que existe una tradición que los presenta como realmente acaecidos. [Padilla, 2002] A dichos relatos, los denominamos "leyendas" las cuales siempre tienen pretensiones de veracidad. [Padilla, 2002]

Los textos más antiguos de las primeras civilizaciones conocidas (Egipto Sumeria, China, etc.) han asociado el inicio de su cultura con seres acuáticos, [Temple, 1998] en especial la civilización Sumeria. [Sitchin, 2002]

En la Grecia Clásica, el mar era un lugar que escondía un misterio infinito, y una inmensidad tal que su poder, el poder del mar, no podía ser comprendido "a fondo" por los mortales, más que con la irreemplazable asistencia del mito y de los dioses que lo protagonizan. [Rodríguez López, 1998]

Se considera que los mitos griegos aparecieron sobre el año 3000 aC, y que no se plasmaron en modo escrito hasta el año 800 aC [Padilla, 2002] Dichos mitos, no obstante, no eran propios de los griegos, ya que los antiguos griegos asimilaron los mitos y leyendas de pueblos más arcaicos. [Padilla, 2002]

Por lo que se deduce que las civilizaciones de Egipto y Sumeria, debieron ser las fuentes originales de los mitos arcaicos griegos y si tomamos en cuenta al erudito Wallis Budge, que tras estudiar las sorprendentes similitudes entre los dioses primigenios de Sumeria y de Egipto, declaraba que: "es imposible que se copiasen unos de otros, por tanto, adoptaron a sus dioses de una fuente común pero sumamente más antigua". [Temple, 1998] Es incluso probable que existiese una fuente aún más arcaica y que todavía hoy, permanezca oculta para antropólogos y etnólogos, y que algunos han bautizado como una edad "prehistoria científica e industrial". [Pauwels y Bergier, 1972]

Por lo tanto, parece lógico iniciar la búsqueda de leyendas, y su relación con seres anfibios, con los mitos sumerios, ya que Sumeria es una de las primeras civilizaciones conocidas. [Ocaña Jiménez, 2005] [Flam, 2002]

Figura 11. Tablilla del Poema de Gilgamesh, obtenida de la Biblioteca del rey Asirio Assurbanipal (669-631 aC)

Historiadores como Higinio, Manilo y Jano cuentan como unos seres, de apariencia anfibia, se sumergían en las aguas del río Éufrates desde el cielo. Un fragmento de Heladio, preservado por Fotio (828-893), explica que un ser llamado Oe salió del mar Rojo, con el cuerpo en forma de pez pero con cabeza, manos y brazos humanos y que proporcionó conocimientos de astronomía y letras a los habitantes de la región. [Temple, 1998] Beroso (290 aC), un sacerdote del dios Baal, escribió en griego la *Historia de Babilonia*, compilándola a partir de documentos originales (escritos en cuneiforme) donde se menciona que la civilización fue fundada por seres anfibios conocidos como Oannes, Musari (de *musaros*, "abominación") o Annecdoti (de *annecdotus*, "repulsivo"). [Temple, 1998] Dicho comportamiento coincide con el relatado para el dios sumerio Enki (Ea), hace más de cinco mil años [Kramer, 1961] y que algunos autores defienden como de aspecto anfibio también. [Temple, 1998]

Figura 12. Representación de Oannes, según la obra *Curious Myths of the Middle Ages* del artista Sabine Baring-Gould (1868). Basándose en el mural existente en el palacio de Sargón II (721-705 aC)

En el *Poema de Gilgamesh*, se menciona a Adapa, el cual según los autores actuales, se asimilaría a Oannes [Jiménez Zamudio, 2005] y por tanto, dado que Adapa se denominaba el sabio (*apkallu* en acadio) y a Oannnes se le denominaba "uno de los sietes sabios" (un *apkallu* por tanto). Todos los apkallu tendrían relación con Enki y de igual modo la expresión sumeria "nacido del mar" (*u.ka.ab.ba*) sería la transliteración del acadio Adapa (*adapu*). Estando también relacionada la expresión *u'an* (Oannes) con Adapa; siendo por tanto uno de los siete sabios de la tradición babilonia. [Jiménez Zamudio, 2005]

En definitiva, dado que se menciona que Enki fue un ingeniero que planeó numerosas obras hidráulicas (de ahí el apelativo *En-Ki-Du-Nu*, "Enki cava profundo"); [Benito Vidal, 2003] estaríamos hablando de unos seres (de aspecto anfibio), responsables de las primeras canalizaciones y drenaje de las marismas situadas entre los ríos Tigris y Eúfrates, lo que permitió el cultivo sistemático de cereales y legumbres, el crecimiento demográfico, la proliferación de ciudades y en definitiva, tal y como aseguran los textos antiguos, el inicio de la civilización. No en vano, Enki, cuya morada (*abzu*) se presumía en "aguas lejanas" (literalmente el significado de *abzu*) rodeadas de cañaverales, dio nombre a Mesopotamia, ya que dicha zona fue descrita por los sumerios (en cuneiforme) como *ki-en-gi*; es decir, la "tierra del señor del cañaveral", o sea, Enki. [Torrecilla Fraguas, 2004]

Figura 13. Mapa de la antigua Mesopotamia.

Carl Sagan, creía firmemente que las historias referidas a la leyenda de Oannes y similares, merecían un estudio mucho más riguroso que el que se ha llevado hasta la fecha; ya que "tomada al pie de la letra, sugiere un contacto entre una civilización humana y otra no humana, de inmenso poder, a orillas del Golfo Pérsico." [Sagan y Shkloskii, 1985]

La realidad, es que todavía hoy, decenas de siglos después de que se forjaran aquellas leyendas con un fuerte contenido iconológico, el mar sigue siendo un gran desconocido para nuestros científicos. [Rodríguez López, 1998] Por ello, pese a que dentro del mito clásico, existen saberes e intenciones diversas. [Raimondi, 2000] Tal y como demostraron Heinrich Schliemann, Arthur Evans, y Spiridón Marinatos, las historias de los poetas y los filósofos griegos contenían verdades mucho más profundas. [Fornieles Medina, 2009] Ya en el siglo IV aC., el filósofo Evémero llegó a la conclusión que los mitos eran un recuerdo idealizado de seres humanos que existieron (reyes, héroes, etc.). Incluso sus discípulos aseguraban que Zeus fue un rey de Creta. [Padilla, 2002] Por ello, si analizamos los detalles en las leyendas, tal vez podamos esclarecer algunas cuestiones…

Dentro de la mitología clásica, debemos mencionar a la diosa Afrodita cuya relación con el mundo del mar es muy estrecha, dada su condición de diosa marina. No en vano, la escena de la diosa surgiendo de entre las olas del mar y navegando en su venera (concha de la vieira), fue la imagen preferida por los artistas, y este concepto de diosa marina se impuso por encima de cualquier otro. [Rodríguez López, 1998] El término *aphro*, del cual deriva su nombre, significa espuma y en la Grecia clásica se asociaba a Afrodita por haber surgido de las espumas del mar embravecido. [Rodríguez López, 1998] [Padilla, 2002]

En su acepción de divinidad marina, la iconografía de Afrodita se entremezcla y confunde, en muchas ocasiones, con la de Anfítrite o Tetis, particularmente en la estatuaria, cuando estas divinidades muestran un delfín a sus pies como atributo distintivo. Es por ello que muchas imágenes de Afrodita la ponen en estrecha relación con los dominios marinos. [Rodríguez López, 1998] De igual modo, por su carácter sensual, se asoció a la diosa Astarté, diosa de los fenicios, [Padilla, 2002] pueblo marinero por excelencia.

Figura 14. Tetradracma Asirio de Demetrius III (95-88 aC), donde se aprecia, en el reverso, la imagen de la diosa Atargatis.

Son muy abundantes las representaciones artísticas en las que la diosa aparece navegando sobre el mar, en una venera sostenida por tritones o centauros marinos. Las nereidas y todas las criaturas menores que encarnan la gracia y la belleza del mundo submarino (delfines, hipocampos, pececillos...) son, junto con los pequeños erotes que en la

mitología pasan por ser sus hijos, los habituales de su *thíasos* (séquito
o "cortejo triunfal"). [Rodríguez López, 1998]

En cuanto a la forma de Afrodita, de los infinitos cuadros y esculturas
que ha inspirado, los griegos (y los romanos asimilada a Venus),
generalmente la representaban semidesnuda (o desnuda
completamente) con poses voluptuosas y de formas armoniosas (como
corresponde a una diosa del amor y la belleza) pero nunca con forma
anfibia, pese a que tal y como hemos mencionado, probablemente
fuese una asimilación fenicia (de Astarté), la cual a su vez asemejaba
la de su contraparte Siria Atargatis (la diosa de la Luna) la cual sí
poseía cola de pez [Bondeson, 2000] y que fue considerada una forma
de Afrodita en Grecia. Aunque también mostró algunos parentescos
con la diosa Cibeles de Anatolia [Encyclopædia Britannica, 2010 a].

Por lo tanto, parece evidente que tanto Astarté como Afrodita
debieron poseer cuerpo anfibio en un pasado arcaico. No obstante, por
el momento, ya tenemos una extraña relación entre la espuma del mar
y un objeto que sale de él. Dicha relación se complica un poco más
cuando descubrimos que Afrodita Urania (llamada por Platón "hija del
Cielo"), es una divinidad celeste, dispensadora de abundancia y
fertilidad, la diosa del amor y del deseo; pero, es también una diosa
del mar, designada por los autores clásicos bajo los calificativos de
"*Pontia*" (del mar) o "*Euploia*" (de la navegación feliz). [Rodríguez
López, 1998] No en vano, los romanos identificaron a Afrodita con
Venus (*Venere*), y por tanto dieron su nombre al cuerpo celeste de

mayor luz del firmamento (tras el sol y la luna) la estrella de la tarde y el lucero de la mañana, que si bien fue la guía de los marinos. [Rodríguez López, 1998] De igual modo podríamos creer que se referían a un objeto circular (representado como una venera) que salía del mar y se elevaba en el cielo, creando turbulencias acuáticas (la espuma referida) y brillando en el cielo nocturno.

¿Dejaron los griegos clásicos en sus mitos una asociación de objetos que, bien navegaban por debajo de la superficie del mar, bien volaban por el cielo? ¿Tiene eso algo que ver con los mitos sumerios sobre "civilizadores" anfibios?

Figura 15. La destrucción de Leviatán. Grabado de Gustavo Doré (1865).

La existencia de objetos tecnológicos marinos o su relación con seres anfibios, en realidad, podemos retrotraerlo muy atrás en el tiempo, ya que si pensamos en la leyenda hebrea de Leviatán, se le describe como "el señor de los mares y conocedor de todas las lenguas del planeta, de aspecto monstruoso y gigantesco, capaz de vomitar fuego, producir humo en sus fosas nasales. Dejando en su vagar marino una estela plateada detrás de sí". [Roldán y Roldán, 2000] Dicha descripción parece más cercana a un objeto tecnológico que a un ser vivo; si además pensamos que "Leviatán era una creación divina, capaz de volar hacia su creador"; al que la leyenda atribuye muchos casos de secuestros de hombres sabios o de buscadores de su "enigma" a las que "engullía en su luz o fuego", [Roldán y Roldán, 2000] parece todavía más clara su relación con los fenómenos de abducciones reportados en los casos OVNI.

Figura 16. La visión de Ezequiel según el libro *Iconum Biblicarum* de Matthäus Merian (1593-1650).

De igual modo, lo referido por el profeta Ezequiel junto al río Quebar, cerca de Babilonia, podría corresponder, según Josef F. Blumrich (antiguo ingeniero jefe responsable de la Oficina de Construcción de

Proyectos de la NASA), a "la descripción total y compleja" de un vehículo aéreo. [Faber-Kaiser, 1992 b]

Y no solamente en la *Torah* se pueden encontrar descripciones de objetos tecnológicos ya que tal y como menciona el historiador Sozomen (Salminius Hermias Sozomenus 400-450), diversos seres anfibios (Oannes, etc.) eran descritos utilizando ciertos objetos con los cuales descendían como "estrellas llameantes" caídas del cielo. Cuando descendían se calificaba a los objetos de donde salían como huevos, si los objetos estaban en el aire, Sozomen asegura que se describían como grandes aves o Grifos llameantes y también como figuras aladas o anillos volantes. [Temple, 1998] Los relatos de Higinio, Manilo y Jano también cuentan como dichos seres, de apariencia anfibia, se sumergían en las aguas del río Éufrates desde el cielo. El fragmento de Heladio preservado por Fotio explica que Oe salió de un objeto "parecido a un gran huevo". [Temple, 1998] En el Comentario de Germánico a la edición de Arato, sobre el mismo texto, menciona que otras variantes cuentan que salió una deidad de un huevo que había caído al río y un pez lo había empujado a una orilla, este huevo tenía un aspecto luminoso. [Temple, 1998] Por lo tanto, están describiendo aparatos que entraban en el agua ("huevos") y volaban ("grandes aves", "grifos llameantes"), tratándose probablemente de cápsulas que poseían un anillo alado. [Temple, 1998]

Una tablilla asiria, narra la experiencia de Etana, el rey de Kish, el cual tras obtener el permiso de Utu-Shamash, encargado de los *Shem* y de la Águilas; fue instruido para poder alzar el Águila del foso donde se encontraba, tras aprender las maniobras y controlar los instrumentos, consiguió despegar tras el tercer intento. Al día siguiente, junto a un piloto y debidamente equipados, volvieron al Águila con la intención de llegar a la "morada del cielo", a través de la escotilla y conforme se iban alejando describe como todo se hace pequeño hasta que finalmente, incluso el suelo y el ancho mar habían desaparecido y perdió de vista la Tierra. Para el historiador Alberto Fenoglio, el rey Etana fue llevado como huésped de honor en una nave voladora con la forma de un escudo. [Short, 2003]

El libro tibetano *Canchur*, también abunda en menciones de naves como burbujas o perlas espaciales capaces de transportar gente a grandes velocidades. [Vintiñi, 2009] Incluso en la historia de la antigua China es conocido un episodio en el que un príncipe llamado Wan Hu (siglo XV aC), se elevó por los aires en un asiento de 47 cohetes para no ser visto nunca más. [Vintiñi, 2009]

John Michell aseguraba que las transfiguraciones de serpientes entre los pueblos antiguos, eran en realidad interpretaciones veladas de naves volantes extraterrestres. [Faber-Kaiser, 1971] Así por ejemplo pone el caso de Quetzalcóatl, el cual finalizada su labor civilizadora, huyó por los aires, fue por el espacio de un lado a otro, y se convirtió en el planeta Venus, con el nombre náhuatl de la "estrella que echa humo". Es decir que la serpiente voladora, más que una estrella; es un cohete que se aleja hasta convertirse en sólo un punto luminoso en el cielo... y echa humo. [Faber-Kaiser, 1971]

De acuerdo con la tradición hopi, la historia de la Humanidad está dividida en períodos que ellos denominan "mundos". No siendo comprobables históricamente los dos primeros mundos, la memoria tribal de los hopi se remonta a la época del tercer mundo, cuyo nombre era Kasskara. Este era el nombre, en realidad, de un inmenso continente situado en el actual emplazamiento del océano Pacífico, Pero Kasskara no era la única tierra habitada. Existía también el "país del Este". Y los habitantes de este país tenían el mismo origen que los de Kasskara. Los habitantes de este otro país comenzaron a expandirse y a conquistar nuevas tierras, atacando Kasskara ante la oposición de ésta a dejarse dominar. Lo cual hicieron con armas potentísimas, imposibles de describir. [Faber-Kaiser, 1992 a]

Desde el "primer mundo", los humanos estaban en contacto con los *katchinas*, palabra que puede traducirse por "venerables sabios". Se trataba de seres visibles, de apariencia humana, y que en muchos aspectos se comportaban como hombres, pero disponían de unos conocimientos muy superiores a los propios hombres (nunca fueron tomados por dioses sino solamente como seres de conocimientos y potencial superiores a los del ser humano). Eran capaces de trasladarse por el aire a velocidades gigantescas, y de aterrizar en cualquier lugar por medio de unos artefactos voladores (escudos voladores), impulsados por fuerza magnética y con "forma de lenteja". [Faber-Kaiser, 1992 a] Además de dicha tecnología, también poseían un enigmático escudo que rechazaba a los proyectiles enemigos a elevada altura. Y eran además capaces de "engendrar niños en las mujeres sin mediar contacto sexual". [Faber-Kaiser, 1992 a]

Es evidente que todo lo anterior refiere la posibilidad de que existiese un elevado nivel tecnológico en un pasado remoto, el cual se va fragmentando con el tiempo; de igual modo, se aprecia como los *katchinas* no parecen haberlo perdido, aunque si los "otros" humanos, que sin embargo, son técnicamente capaces de igualarlo, tal y como se aprecia cuando se menciona que su escudo rechazaba los proyectiles enemigos (¿de otros *katchinas*? ¿O bien de los humanos del "país de Este"?).

La descripción de dichas armas, rememora las armas devastadoras descritas en las antiguas epopeyas hindúes. [Faber-Kaiser, 1992 a] Lo cual puede ser la prueba de que dichos relatos tuviesen una base real.

Los textos sánscritos de la India son considerados las obras literarias más antiguas de la humanidad. [Rocha-G., 2009] Las grandes obras clásicas o historias épicas, son el *Ramayana* y el *Mahabhárata* (incluyendo esta última al *Bhagavad-gita*). [Rocha-G., 2009]

El *Mahabhárata* relata los sucesos que condujeron a la presente era (*Kali*) y es el poema más extenso de la literatura mundial, la narración describe las acciones de los grandes personajes heroicos de Bharata, el

antiguo nombre de la India. Literalmente, el *Mahabharata* es "la historia de Bharata-varsa, el reino más grande y de mayor esplendor". La obra está dividida en 18 *parvas* o Cantos, que contienen unas 100.000 estrofas, con breves pasajes en prosa intercalados, por lo cual se ha dicho que consta casi de 200.000 versos. [Rocha-G., 2009]

Dichos versos presentan el conocimiento védico en la forma de narraciones, relatos e incidentes históricos. [Rocha-G., 2009]

Los estudios occidentales han tratado de establecer un orden histórico, en el cual se supone que aparecieron las obras literarias de la India. Aunque desde el punto de vista histórico, no existe ninguna estimación empírica exacta de la tradición oral de la literatura de la India. Algunos concluyen que se extiende de un pasado desconocido hasta el año 500 aC. [Winterniz, 1927] Los hechos que narra corresponden al comienzo de esta era (*Kali*), unos cincuenta siglos atrás. [Rocha-G., 2009] Por lo que la mayoría de hindúes creen en la tradición que dice que los hechos relatados sucedieron en febrero de 3.102 aC. [Colaboradores de Wikipedia, 2010] No obstante ante la imposibilidad de un registro histórico preciso, se ha admitido que las enseñanzas del *Veda* original son en realidad muy antiguas y fueron recopiladas en forma escrita muchos siglos antes de su verdadera composición. [Rocha-G., 2009] Algunos autores, basándose en los acontecimientos astronómicos descritos en la obra, la han fechado entre el año 3.100 y el 3.139 aC; aunque una revisión más actual de dichos acontecimientos ha situado el inicio de dicha guerra en la fecha concreta del 16 de octubre del año 5.561 aC. [Vartak, 2004] Ello parece ir acorde a algunos descubrimientos de unas ruinas submarinas de una posible ciudad, las cuales se han asociado a Dwaraka (en la actual Gujarat) mencionada en las epopeyas hindús (la cual fue tragada por el mar), fechadas en unos 9.000 años de antigüedad. [Vartak, 2004]

El canto (*parva*) cuatro, es denominado *Aranyaka-parva*, aunque también se le conoce como *Aranya-parva* o *Vana-parva*, ya que tanto "*aranya*" como "*vana*" significan "bosque". Por lo que se deduce que está describiendo los doce años de exilio en el bosque. [Colaboradores de Wikipedia, 2010] En dicho canto se describe una batalla entre el humano Arjuna y unos seres denominados *asuras* que se han traducido como demonios, pero que tal y como veremos, podrán muy bien representar a los *annecdoti* y *musari* de la tradición sumeria:

Así, en los capítulos 168, 169 y 173 se menciona como "asciende al cielo" para obtener de los habitantes de dicha zona, armas y aprender su manejo para destruir todo el ejército de los asuras. [Kanjilal, 1982] Estos "demonios" (¡treinta millones!) vivían en fortalezas situadas en las profundidades de los mares. [Kanjilal, 1982] En la encarnizada batalla que siguió, los asuras provocaron "lluvias diluviales", pero Arjuna les opuso una arma divina, que logró disecar todo el agua. Los asuras fueron vencidos, y tras la batalla Arjuna descendió a las ciudades submarinas donde quedó fascinado por su lujo y belleza, las cuales, originalmente habían sido construidas por los dioses para su uso particular. [Kanjilal, 1982]

En el capítulo 102, también se menciona que dichos asuras habían "ocupado" una ciudad que se movía sobre su propio eje en medio del espacio (y que por supuesto Arjuna "debe" destruir). [Kanjilal, 1982]

Dichas ciudades también se mencionan en el canto segundo (*Sabha-parva*) las cuales eran construidas en la Tierra y posteriormente se elevaban al cielo (de dimensiones kilométricas y en una de ellas se especifica que estaba tripulada por 8.000 obreros). [Kanjilal, 1982]

Actualmente no se conoce de donde proviene el término "hebreo", algunos lo vinculan al término *abar* ("atravesar", "ir más allá"). [Arias, 2005] Dicho término se asoció a Abraham, por ello en ocasiones se le denomina "Abraham, aquel que atraviesa" (en lugar de "Abraham, el hebreo"). [Arias, 2005] En *La Biblia* se les denomina así a los que hay que diferenciar de los pueblos vecinos (una especie de "extranjeros"). [Arias, 2005] En *Jeremías* ya aparece dicho término y lo hermana con los israelitas; pero antes de la esclavitud en Babilonia, no aparece dicho nombre ni como referido a un pueblo ni como como a una creencia religiosa. [Arias, 2005] En el siglo II aC, Artapano de Alejandría, en *Judaica*, aseguraba que a los hebreos se les denominaba *hermioúth*, pero que en memoria de Abraham se les denominaba hebreos. Para dicho autor el término judío, era la traducción griega de *hermioúth*. [Torrent, 2008] Profundizando más en el personaje de

Abraham; se puede citar al coronel Vans Kennedy; el cual relacionaba el nombre de Abram (el original nombre de Abraham) con el término sánscrito *Abhra* el "cielo de las nubes". J. Ralston Skinner, en *The Source of Measures - Key to the Hebrew- Egyptian Mystery*, explica que *Abhra* significa "nube", y es también leído al revés "Arbha", lo cual relaciona con la ciudad que se supone residencia de Abram. Incluso C.W. King, en *The Gnostics and their Remain* relacionaba el nombre de Brahmā con Abram. [Torrent, 2008] Cuentan que Abaris, sacerdote y mago, reconoció a Pitágoras como el "semidiós del templo invisible de las nubes", postrándose a sus pies, a lo que el maestro contestó con una sonrisa, confirmándolo al mostrar su sello. [Torrent, 2008] Si pensamos que de Abaris ya mencionaba Heródoto que no tomaba ningún alimento de la Tierra y algunas leyendas aseguraban que volaba por el aire subido en una flecha (regalo de Apolo). [Wikipedia contributors, 2010 b] Todo esto nos hace creer que efectivamente existía la "ciudad de las nubes"; es decir un satélite artificial (la ciudad de Brahmā) de donde podría haber surgido Abraham o al menos, de donde pudo obtener conocimientos, debió pues existir algún modo de comunicación con sus posibles habitantes. Es probable que dicha comunicación se produjera gracias a unos artefactos que en *La Biblia* se denominan *terafim*[14]. Éliphas Lévi

---

[14] La palabra deriva del hitita tarpi(sh), su significado fundamental es "espíritu" o "demonio". El término figura en hebreo bíblico 15 veces. [Torrent, 2008]

señalaba que los *terafim* eran unos artilugios que realizaban oráculos[15] y que los poseía Labán de Mesopotamia, hermano de Rebeca (mujer de Isaac) y padre de Raquel, la cual los robó. Posteriormente, Cenaz, el sobrino de Caleb, los reencuentra y trata de destruirlos,[16] y según el *Liber Antinquitatum Biblicarum*; "fueron finalmente arrebatados por un ángel". [Torrent, 2008]

En el folclore popular, han persistido mitos sobre un gran desastre que cambió el mundo, siendo muy posible que se tratase de recuerdos, casi olvidados, de sucesos ocurridos en un pasado lejano. [Barclay, 1999] También en la literatura (incluso rabínica), se menciona el hecho de que la Tierra fue creada y destruida en varias ocasiones. De modo que mucho tiempo antes que la época del personaje bíblico de Adán, todas las civilizaciones anteriores ya habían desaparecido. [Demske, 1968]

---

[15] La tradición señala que eran cabezas momificadas. Pero en *La Biblia*, se mencionan en muchas ocasiones junto al efod (vestidura sacerdotal) y emplea el término construir (Jue 17, 5 y 18,14. Os 3,4). Tal vez se trate del mismo artilugio que poseía Silvestre II (del cual hablaremos más adelante) o Albert von Bollstädt (construyó un ser artificial que poseía la capacidad de profetizar, el cual fue destruido por su alumno el teólogo San Tomás de Aquino). [Torrent, 2008]

[16] En realidad, lo que no pudo destruir son los "cristales" que formaban parte de estos terafim. Estos cristales eran descritos como "muy brillantes" de modo que por la noche no era necesario utilizar una lámpara. No pasa por alto su similitud con el uso actual que poseen ciertos cristales; a modo de ejemplo, podríamos citar el silicio con el germanio (ambos muy duros) y el galio junto al arsénico (arsenurio de galio). En ambos casos, al formarse los cristales, pese a no ser buenos conductores anteriormente, se convierten en diodos semiconductores polarizables por los que circulará sin dificultad la corriente eléctrica, la cual además irá acompañada de desprendimientos de cuantos de energía luminosa (si la densidad de corriente es alta, la radiación emitida se convertirá en coherente; es decir en un rayo láser). [Torrent, 2008]

Dichos relatos parecen clarificar algunos hallazgos (capas vitrificadas, ladrillos de roca fundidos, la destrucción de Mohenjo Daro, etc.) que indicaban una posible guerra nuclear en la prehistoria. [Barclay, 1999] [Vintiñi, 2009 b]

La mayoría de autores han restado importancia a dichos relatos, y los han calificado de exagerados o fantasiosos, alegando que en las armas descritas únicamente se mencionan arcos y flechas; y que los *vimanas* (vehículos voladores), están fabricados con madera.

Sin embargo, debemos tener en cuenta que también Noé construye su "arca" con "maderas resinosas", [Casciaro, 1979] si pensamos que el término hebreo para "arca" es *tebah* ("recipiente"); siendo precisamente el mismo término que se utiliza para la "cuna" donde se encontró Moisés, [Sendy, 1979] podemos especular que el uso de la madera podría haber alcanzado un adecuado nivel de presurización, máxime cuando es sabido que el *tebah* de Noé y el extraño submarino cuadrado que se menciona en el *Poema de Gilgamesh* son probablemente el mismo objeto. [Robinson, 2007] El uso de la madera en vehículos aéreos no es algo inusual, y pruebas de ello son, por ejemplo, los aviones *Horten Ho IX* y *De Havilland DH.98*. [Colaboradores Wikipedia, 2010 b] [Wikipedia Contributors, 2010] Ello parece concordar con las tradiciones de la isla de Pohpei, donde se sostiene que existían seres que "construyeron pájaros voladores con árboles". Dichos seres "penetraban en grandes pájaros, pronunciaban palabras mágicas, el pájaro se alzaba y volaba con ellos dentro".

[Faber-Kaiser, 1991] Como último apunte, debemos indicar que uno de los primeros cuerpos generadores de sustentación (diseñados para validar el concepto de volar en un vehículo sin alas desde el espacio de regreso a la Tierra, y hacerlo aterrizar igual que una aeronave en un lugar predeterminado), fue el M2-F1 (construido por el diseñador Gus Briegleb y que contribuyó a construir la base de datos que se tradujo en el desarrollo del programa del transbordador espacial), el cual ¡poseía un revestimiento de madera contrachapada colocada sobre un armazón tubular de metal! [Curry, 2008] De igual modo, en China se han desarrollado naves espaciales recuperables que supuestamente utiliza la madera como material ablativo. Siendo precisamente la madera (y en algunos casos corcho) utilizada como material ablativo para algunas zonas del motor de cohetes norteamericanos y los obenques de carga útil (que se calientan cuando el cohete vuela a través de la atmósfera). [Day, 2010]

Otra de las cosas que no se menciona es que *isu* (flecha en sánscrito), según el diccionario de Monier-Williams, significa no sólo "flecha", sino también "rayo de luz". [Temple, 1998] Por lo tanto, la comprensión de los textos y su dificultad de interpretación, solo reside en la exacta transcripción moderna de expresiones tales como *vaihayasi* (volar), *gaganacara* (aire) o *vimana* (objeto volador). De modo que únicamente la técnica moderna ha permitido una traducción razonable. [Kanjilal, 1982] Tal vez por ello, J. Robert Oppenheimer mencionaba que diseñó la primera bomba atómica en la historia moderna; es decir, que en un pasado existieron otras. [Vintiñi, 2009 b]

Tal y como hemos visto, el folclore y la mitología, indican que en el pasado prehistórico existió una civilización tecnológica. [Barclay, 1999] La deducción lógica que puede sacarse de todo ello, es la siguiente: en tiempos inmemoriales, la Tierra debió haber conocido una floreciente civilización con suficientes conocimientos científicos como para construir objetos voladores y lanzar ciudades satélites al espacio. Tales civilizaciones deben haber quedado aniquiladas por alguna catástrofe desconocida. Y sólo las leyendas nos recuerdan tales épocas pasadas. [Kanjilal, 1982] Por ello investigadores serios sostienen que el fenómeno OVNI es tan viejo como la humanidad. [Mendoza Palacios, 2004] [Barclay, 1999]

Lo cierto es que si nos sumergimos en los pasajes y vestigios de civilizaciones anteriores a la nuestra, encontraremos evidencias que resultan incomprensibles, asombrosas e inauditas y nos obligan a concluir que ocurrieron en el pasado decenas de hechos que bien pueden llevar el calificativo de suceso OVNI. [Mendoza Palacios, 2004] Que a pesar del tiempo y los avances tecnológicos, hoy no se puede decir con certeza que el misterio ha sido desvelado. [Mendoza Palacios, 2004]

Si tenemos en cuenta lo relatado en el *Mahābhārata* (capítulo 102 del *Vanaparvan*) donde se menciona como Arjuna con su indestructible vehículo volador anfibio, se elevó hacia el cielo buscando destruir la ciudad giratoria y más tarde, descendió a las ciudades submarinas de los asuras. Podemos pensar que dicha civilización tecnológicamente avanzada, poblaba tanto los fondos marinos como muy probablemente la exosfera. [Kanjilal, 1985]

El término *an* significa "cielo" en sumerio (Anu es el dios principal de la mitología sumeria), y puede estar relacionado con el término *anupa* que en sanscrito, resulta significar "un país acuoso". [Temple, 1998] Dichos términos algunos autores los relacionan también con el dios egipcio Anpu (Anubis) [Temple, 1998]

Anubis era el dios encargado de los muertos, y bajo la denominación de Ap-uat ("el que abre caminos") el encargado de llevar sus almas a la "divina tierra oculta". [Brodrick y Morton, 2003] Pese a ser el hijo de Osiris y Neftis (Nephthys) [Brodrick y Morton, 2003] [Temple, 1998] también se le identificaba con el propio Osiris. [Temple, 1998] Anubis podría representar el ocaso [Brodrick y Morton, 2003]; probablemente dicha identificación sería una referencia geográfica (el oeste) como destino de la "tierra oculta" o *Amenti*, donde gobierna Osiris. [Brodrick y Morton, 2003]

¿Es todo ello una mención del lugar donde podría estar situada aquella "tierra oculta"?

¿Tal vez en el fondo del Atlántico?

<u>Referencias bibliográficas:</u>

- Arias J. *La Biblia y sus secretos*. Ed. Santillana , con licencia editorial para Círculo de Lectores; 2005
- Barclay D. *Extraterrestres. La respuesta definitiva sobre los ovnis*. Barcelona. Ed. Timun Mas; 1999
- Benito Vidal R. *Historias mágicas de los dioses sumerios*. 2003. Madrid. Ed. Edimat Libros
- Bondeson J. *La sirena de Fiji*. 2000. México. Ed. Siglo XXI
- Bonnet H. *Lexikon der ägyptischen Religionsgeschichte*. Ed. Nikol-Verlag; 2000
- Brodrick M, Morton AA. *Diccionario de arqueología egipcia*. Ed. Edimat Libros; 2003
- Casciaro JM (revisor). *La santa Biblia*. Madrid. 11ª edición. Ed. Ediciones Paulinas; 1979
- Curry M. (editor) *Cuerpos Generadores de Sustentación*. NASA. 2008. Disponible en: http://www.nasa.gov
- Colaboradores de Wikipedia. *Mahábharata* [en línea]. Wikipedia, La enciclopedia libre, 2010 [fecha de consulta: 4 de junio del 2010]. Disponible en <http://es.wikipedia.org/w/index.php?title=Mah%C3%A1bharata&oldid=37756580>.
- Colaboradores de Wikipedia. *De Havilland DH.98 Mosquito*. Wikipedia, La enciclopedia libre. Disponible en: http://es.wikipedia.org/w/index.php?title=De_Havilland_DH.98_Mosquito&oldid=38618786 (consultado el 8 de julio de 2010) (referencia b)
- Day DA. *Advanced Reentry Vehicles*. U.S. Centennial of Flight Commemoration. Disponible en: http://www.centennialofflight.go (consultada en julio de 2010)
- Demske D. (editor) *The Catastrophic Worlds of Immanuel Velikovsky* (Entrevista). New York. Ed. Science and Mechanics Publishing. Julio 1968, p. 101
- Encyclopædia Britannica. *Atargatis*. 2010. Disponible en: http://www.britannica.com/EBchecked/topic/40401/Atargatis [consultada el 7/2/2010] Referencia a

- Encyclopædia Britannica. *Lake Moeris*. 2010. Disponible en: http://www.britannica.com/EBchecked/topic/387468/Lake-Moeris [consultada el 20/2/2010] Referencia b
- Encyclopædia Britannica. *Shedet*. 2010. Disponible en: http://www.britannica.com/EBchecked/topic/539383/Shedet [consultada el 20/2/2010] Referencia c
- Faber-Kaiser A. *La isla secreta*. 1991. Disponible en: http://andreas.faber.cat/
- Faber-Kaiser A. *Los amigos voladores de los indios hopi*. 1992. Disponible en: http://andreas.faber.cat/ (referencia a)
- Faber-Kaiser A. *Los primeros contactados*. 1992. Disponible en: http://andreas.faber.cat (referencia b)
- Faber-Kaiser A. *Sombras extraterrestres*. 1971 Disponible en: http://andreas.faber.cat
- Flam F. *Sumerian Dictionary to Decipher Ancient Texts*. The Philadelphia Inquirer. 24/7/ 2002
- Fornieles Medina MF. *De Troya a la Atlántida, pasando por Creta*. Temas para la Educación. 2009; n° 4
- Jiménez Zamudio R. *Adapa o la inmortalidad frustrada: reflexiones sobre el poema de Adapa*. Isimu: Revista sobre Oriente Próximo y Egipto en la antigüedad. 2005; n° 8-pp 173-200
- Kanjilal DK. *Ciudades submarinas y espaciales en los antiguos textos sánscritos*. Mundo Desconocido. 1982; (6) 70 (abril). Disponible en: http://www.antiguosastronautas.com/articulos/Kumar_Kanjilal01.html
- Kanjilal DK. *Vimana in Ancient India: Aeroplanes or Flying Machines in Ancient India*. 1985. Ed Sanskrit Pustak Bhandar
- Kramer SN. *Sumerian Mythology*. 1961. Nueva York. Ed. Harper Torchbooks
- Lendering J. *Etemenanki*. Disponible en: http://www.livius.org [consultada febrero 2010]
- Mendoza Palacios E. *¿Son los ovnis un fenómeno moderno?* Boletín El Fuego del Dragón; 2004; n° 66 (febrero). Disponible en: http://fuego.dragoninvisible.com.ar

- Ocaña Jiménez L. *La historia comienza en Sumer, una historia de Dioses. Termina con guerras y demonios. (Teoría).* UNAM; 2005. Disponible en: http://www.accessmylibrary.com
- Padilla MR. Dioses mitológicos. 2002. Madrid. Ed Edimat Libros
- Pauwels L, Bergier J. *El retorno de los brujos. Introducción al realismo fantástico.* 1972. Ed Plaza & Janes
- Raimondi, S. *Argus amans (Prop. I 3, 19-20: semejanza y pasión).* Emerita. 2000; LXVIII(1): 103-114. Disponible en: http://emerita.revistas.csic.es/index.php/emerita/article/view/162/163 [Consultado el 11-02-2010]
- Ribero Meneses JM. *La edad anfibia.* Ed. Ediciones de Cámara; 2001
- Robinson BA. *Comparison of the Babylonian and Noachian flood stories.* Ontario Consultants on Religious Tolerance. 2007. Disponible en: http://www.religioustolerance.org/noah_com.htm
- Rocha-G.C. *Sinopsis de la Literatura Védica: Tradición y trascendencia de la India Milenaria.* Humania del Sur. 2009; 4 (6): 115-139.
- Rodríguez López MI. *El poder del mar: El "thíasos marino".* Espacio, Tiempo y Forma, Serie II, Historia Antigua, t. 11, 1998, págs. 159-184.
- Roldán JA, Roldán M. *Bio-ovnis, la teoría olvidada.* Boletín El fuego del dragón. 2000; nº 28 (diciembre). Disponible en: http://dragoninvisible.com.ar.
- Sagan C, Shklovskii I. *Vida inteligente en el universo.* 1985. Ed. Reverte
- Sendy J. *Dioses extraterrestres.* Barcelona. Ed. Daimon; 1979
- Short R. *Out Of The Stars: A Message From Extraterrestrial Intelligence.* Ed. Buy Books on the web; 2003
- Sitchin Z. *El doceavo Planeta.* Barcelona. 2002. Ed. Obelisco
- Temple R. *El misterio de Sirio. Nuevas pruebas científicas de contactos con extraterrestres hace 5.000 años.* 1998. Ed Timun Mas
- Torrecilla Fraguas M. *Investigación sobre la lengua y la escritura sumeria del período presargónico de Lagas.* Alicante. Ed. Club Universitario; 2004
- Torrent FJ. *El legado hermético de la antigüedad.* Ed. Bubok Publishing; 2008
- Vartak PV. *The Scientific Dating of the Mahabharat War.* 2ª edición. Pune (India). Ed. Ved Vidnyana Mandal; 2004

- Vintiñi L. *Vímanas: ¿existieron máquinas voladoras en la India antigua?* Da Jiyuan Internacional. 25.08.2009. Disponible en: http://www.lagranepoca.com
- Vintiñi L. *¿Evidencias de bombas atómicas 5000 años a.C.?* Da Jiyuan Internacional. 10.04.2009. Disponible en: http://www.lagranepoca.com
- Wikipedia contributors. *Horten Ho 229.* Wikipedia, The Free Encyclopedia. Disponible en: http://en.wikipedia.org/w/index.php?title=Horten_Ho_229&oldid=371884245 (fecha de acceso 8 julio, 2010).
- Wikipedia contributors. *Abaris the Hyperborean.* Wikipedia, The Free Encyclopedia. Disponible en: http://en.wikipedia.org/w/index.php?title=Abaris_the_Hyperborean&oldid=364887041 (consultada en junio de 2010) (referencia b)
- Winterniz *M. A History of Indian Philosophy, vol.1.* Ed. University of Calcutta; 1927

El género humano se ha dedicado, desde hace ya algún tiempo de forma rigurosa, a la búsqueda de señales de vida extraterrestre en el Universo. [González Fairén, 2003] Esta búsqueda comenzó en nuestro Sistema Solar donde docenas de naves espaciales han explorado planetas, satélites, cometas y asteroides. [González Fairén, 2003]

En consecuencia, se ha podido demostrar la presencia de hasta 130 tipos de moléculas orgánicas diferentes en las nubes moleculares de gas y polvo que salpican el espacio entre las estrellas. [González Fairén, 2003] En los últimos años, toda una pléyade de elementos biogénicos ha sido detectada en nuestro entorno cósmico, entre ellos el etilén-glicol (detectado en las nubes moleculares interestelares) cuya presencia parece imprescindible para la síntesis de los azúcares (en particular la ribosa, uno de los componentes del RNA). [González Fairén, 2003] Así parece posible la presencia de residuos orgánicos constituidos por especies moleculares (que incluyen pequeñas vesículas de 10-15 mm de diámetro capaces de experimentar procesos de autoensamblaje, similares a las bicapas cerradas que forman las membranas celulares, universalmente distribuidas en la biosfera), por lo que es evidente que la materia prima de la vida es abundante tanto en nuestro Sistema Solar, como en la Galaxia y en el Universo. [González Fairén, 2003] Además, es muy posible que aminoácidos y péptidos de bajo peso molecular puedan sintetizarse y permanecer estables en los hielos entre las estrellas; incluso manteniendo el exceso

enantiomérico de la forma L que caracteriza a los seres vivos.
[González Fairén, 2003]

El siguiente paso, dado que la vida parece algo evidente, en pensar si existen civilizaciones extraterrestres. Dicha cuestión y la posibilidad de contactos con ellas es, sin duda, una de las que más debates ha suscitado. [Ynduráin Muñoz, 2003]

A priori no es evidente que la vida tenga que evolucionar a la inteligencia, ni que ésta lleve a una civilización tecnológica. [Ynduráin Muñoz, 2003] Pero dado que el desarrollo de la vida requiere un entorno adecuado [González Fairén, 2003] y que lo más probable es que un planeta donde haya vida produzca, más pronto o más tarde, inteligencia desarrollada. [Ynduráin Muñoz, 2003] La posibilidad de una civilización extraterrestre es, estadísticamente, probable en un radio de quinientos años luz; ya que en dicha área, habría casi cien planetas ocupados por seres orgánicos [Ynduráin Muñoz, 2003] y la posible existencia de civilizaciones avanzadas es sólo cuestión de la evolución biológica; la cual, a medida que las civilizaciones fueran alcanzando cierta destreza en el campo de la ingeniería genética, la tendencia general sería a 'mejorar' la propia especie, entre otras, con lo que se aceleraría la evolución biológica a ritmos inimaginables. [Gato Rivera, 2004]

Por ello, hace más de 35 años (16 de noviembre de 1974), que el radiotelescopio gigante de Arecibo, en Puerto Rico, enviaba en dirección a un cúmulo estelar de unas 300.000 estrellas llamado Messier 13 (a 25.000 años luz de la Tierra) un mensaje de 1.679 bits de información transmitido en una frecuencia de 2.380 Mhz y de intensidad 10 millones de veces mayor que la de las señales de radio que habitualmente emite nuestro Sol con la intención de ser detectados por otra civilización extraterrestre. [Montes y Munnshe, 1999] De igual modo, el proyecto Ozma y posteriormente otros más ambiciosos como el SETI, se han dedicado a examinar las emisiones radioeléctricas procedentes de 1.000 estrellas cercanas con el objetivo de detectar emisiones de radio y de otro tipo, producidas por cualquier civilización avanzada extraterrestre. [Sullivan, 2002]

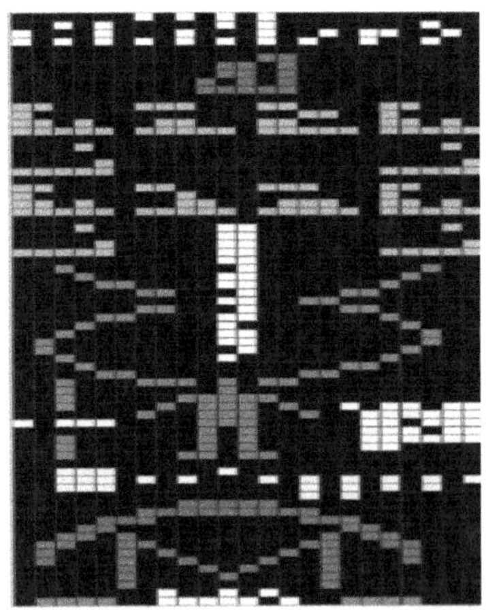

Figura 17. Recreación del mensaje de Arecibo

Pero, han sido muy poco numerosos los hombres que, en el transcurso de los últimos 24 siglos, han penetrado en los secretos arcanos de 1.300.000.000 kilómetros cúbicos que cubre el espacio tridimensional del océano mundial. [Morales Gamboa, 2007] Y sin embargo, es muy probable que en dicho territorio se encuentre la respuesta que se ha buscado en las estrellas lejanas, ya que la civilización humana del planeta Tierra podría estar inmersa en una civilización mucho más grande sin saberlo, correspondiente a una especie mucho más evolucionada e inteligente. [Gato Rivera, 2004]

En efecto, según la denominada "conjetura de indetectabilidad", se establece que, genéricamente, todas las civilizaciones avanzadas camuflan sus planetas por razones de seguridad, de manera que los observadores externos no puedan detectar señal alguna de civilización y sólo obtengan datos distorsionados con el propósito de disuasión. [Gato Rivera, 2004] Estas condiciones predicen, evidentemente, una baja probabilidad de éxito para el proyecto SETI y similares. [Gato Rivera, 2004]

Sin embargo, pese a dichas medidas de seguridad han podido surtir efecto en el espacio; no ha ocurrido lo mismo en la Tierra y se han reportado extraños sucesos que acontecían en entornos marinos y de hecho, la creencia de que objetos extraños se desplazan bajo las aguas de los mares de nuestro mundo ha generado un sinnúmero de libros y documentales. [Corrales, 2004] Dichos objetos han sido catalogados con el nombre de OSNI (Objeto Submarino No Identificado), vinculando dicho fenómeno al de los OVNIs (Objeto Volante No Identificado). [García Bautista, 2000]

Según Ivan T. Sanderson, hasta el 50% de los sucesos ufológicos tendrían lugar en las proximidades de masas de agua. [Morey, 1998] Y de hecho, numerosos autores (Antonio Ribera, Will Carson, Otto Binder, Stefan Denaerde, Valerie Bonwick, Jonathan Bigras, etc.) dan como factible el origen subacuático del fenómeno OVNI. [Darnaude Rojas-Marcos, 2005]

Además en éstos casos, las pruebas de su existencia no se limitan sólo a la observación humana, sino que según Sanderson en *Invisible Residents* (residentes invisibles), existen (sic) "registros concretos realizados por máquinas y en la forma de objetos sólidos como barcos, y lo que es más, registros y otras evidencias aprobadas y publicadas oficialmente". [Corrales, 2004] Estos avistamientos se han relacionado con misteriosas bases marinas. [Corrales, 2004] [García Bautista, 2000] [Morey, 1998] Debido a que el setenta y uno por ciento de la superficie del globo está cubierta por las aguas, indudablemente, las grandes masas acuáticas que pueblan y cubren gran parte de nuestro planeta constituyen el marco idóneo para asentar bases submarinas ya que con profundidades de hasta diez mil quinientos metros (lo suficiente como para sumergir el monte Everest), el mar representa el lugar idóneo para habitar nuestro planeta y pasar "desapercibido". [Darnaude Rojas-Marcos, 2005] [García Bautista, 2000]

La explicación OVNI, para algunos Gobiernos, sería una mezcla de fenómenos naturales y de fenómenos de origen humano que van desde meteoros hasta aviones espía. [MoD, 2006] Lo que confirma la política llevada a cabo por las autoridades, no importa el país, sobre dicho tema; es decir, considerar que los testigos, si fueron veraces, han cometido errores de observación o no han sabido interpretar correctamente lo que vieron realmente (el planeta Venus, esfera de aire ionizado, nubes, aviones, helicópteros, globos meteorológicos, satélites artificiales y otros fenómenos más o menos vulgares, pero conocidos). [Manglano, 1980] Hoy día, se sabe que más del 95% de los avistamientos OVNI reportados en los últimos 52 años han sido fraudes conscientes o inconscientes [Mendoza Palacios, 2004] Sin embargo, la realidad del otro 5% parece incuestionable.

Numerosos autores han planteado que los objetos submarinos nunca identificados pudieran ser armas secretas fabricadas por los nacionalsocialistas durante la Segunda Guerra Mundial; [Darnaude Rojas-Marcos, 2005] posteriormente dichas armas pudieron pasar a manos de EEUU y de la URSS [Darnaude Rojas-Marcos, 2005] De hecho, a finales de la década de los '90, se hicieron públicas algunas de las misiones secretas realizadas durante la guerra fría con la extinta URSS que explican algunas "misteriosas" apariciones e incluso colisiones con barcos y otros submarinos. [Corrales, 2004]

Por ello, parece lógico suponer que gran cantidad de los objetos submarinos no identificados sean artefactos experimentales de las marinas de las distintas potencias mundiales. [Corrales, 2004] Sin embargo, acontecimientos relatados en el siglo XIX, tales como el misterioso ruido marino escuchado por el naturalista Alexander von Humboldt y otros miembros de su expedición a América del Sur el 20 de febrero de 1803. [Selecciones del Reader's Digest, 1985] O el objeto visto el 15 de mayo de 1879 en el Golfo Pérsico. [Vallée, 1969] O el extraño navío visto el 11 de junio de 1881 por dos hijos del príncipe de Gales (uno de ellos el futuro rey). [Vallée, 1969] Ponen en duda la autoría del III Reich, y debemos buscar su origen más atrás en el tiempo, y pese a que (oficialmente), se considera que fue en 1776 la fecha del primer ataque naval que utilizó un submarino (el *Turtle* de David Bushell), [Tall, 1999] basándonos en los múltiples relatos sobre: "extrañas formaciones nubosas que descienden del cielo para sumergirse posteriormente en el agua, extrañas luces y esferas luminosas que tras un espectacular vuelo (se) sumergen en el agua…" [García Bautista, 2000] Y dado que en el pasado fueron muy frecuentes los testimonios acerca de OVNIs que salían del mar, se hundían en él u operaban dentro de las aguas. [Berlitz, 1976] Podemos intuir que dicha tecnología no pertenecía a ninguna potencia actual…

Dichos fenómenos, no son algo reciente, y ya en el año 1969, Jacques Vallée, con su libro *Passport to Magonia*, relacionaba las apariciones de duendes, hadas y elfos, de siglos pasados con la de los OVNIs. Demostrando analogías evidentes entre los anillos de las hadas y los platillos, los secuestros de los elfos y las abducciones, etc. [Vallée, 1969] No en vano, la designación del acrónimo inglés UFO (*Unidentified Flying Object*) empleado en el fenómeno, se utilizó para distinguir dicho sucesos de los testimonios de "cuentos de hadas". [Flammonde, 1977]

En el caso de ser posible la existencia de formas de vida desconocida en nuestros mares, y en base a los casos expuestos en capítulos precedentes [Bondeson, 2000] [Marseille y Laneyrie-Dagen, 2004] [Trujillo Medina, 2007] podemos afirmar que dichos seres poseen un comportamiento bastante individualista, pues se muestran en grupos de número muy reducido. Siendo probable que pudiese tratarse de núcleos familiares reducidos. [Roldán y Roldán, 2000] De igual forma, también los avistamientos OVNI se muestran en poco número como norma general (de 7 a 9 es el número máximo de OVNIs avistados) [Roldán y Roldán, 2000] Por lo que se puede suponer una relación con la actual ufología casuística, [Roldán y Roldán, 2000]

Por lo tanto, no parece desatinado relacionar los OVNIs (OSNIs) con los seres anfibios antes mencionados y con la posibilidad de la existencia de una civilización submarina avanzada que hasta ahora, se ha mantenido oculta.

Las evidencias aprobadas y publicadas oficialmente de los avistamientos OSNI, se han relacionado con bases marinas. [Corrales, 2004] [García Bautista, 2000] [Morey, 1998] Las cuales se encontrarían repartidas por todo el planeta; así por ejemplo, el CORBE (Centro de Observación y Rastreo de Bases Extraterrestres) mencionaba la existencia de por lo menos dos bases extraterrestres en la plataforma submarina argentina. Una de ellas ubicadas a la altura de la ciudad de Comodoro Rivadavia y la segunda más al norte, entre Bahía Blanca y Puerto Madryn. [Mario, 2001] De igual modo, existen informes provenientes del Triángulo de las Bermudas en que se habla de OVNIs que suelen entrar y salir del agua a grandes velocidades. [Berlitz, 1976]

Se ha propuesto que nosotros podríamos muy bien formar parte de una civilización más grande, la cual estaría extendiéndose por toda nuestra galaxia (o una región amplia de la misma) sin ser conscientes de ello. [Gato Rivera, 2004] Por tanto, no somos "ciudadanos" de dicha civilización (debido a nuestro bajo nivel primitivo), pero nuestro territorio, sería bastante razonable suponer, que fuese considerado por los individuos de dicha civilización avanzada como una reserva natural, llena de especies animales y vegetales, siendo el Sistema Solar sólo una pequeña provincia dentro de su vasto territorio. [Gato Rivera, 2004]

Para corroborar lo anterior, algunos testimonios, mencionan la existencia de seres de apariencia extraterrestre que habitan en bases submarinas. [Martin, 2003] [Iurchuk, 2003] José Manuel García Bautista en su artículo *La realidad OSNI en el litoral andaluz* mencionaba la posibilidad de que el fenómeno fuese inherente de nuestro propio planeta; proponiendo una civilización humana anfibia, o al menos, que dicha civilización anfibia hubiese llegado a la Tierra hace miles de años. [García Bautista, 2000] También Ivan Sanderson afirmaba que "en este planeta existe una 'civilización' (o civilizaciones) submarina que ha permanecido y evolucionado aquí durante mucho tiempo". [Berlitz, 1976] Y por ello proponía que los avistamientos de OSNIs tuviesen relación con una raza anfibia extraterrestre. [Morey, 1998] Algernon Blackwood de la Golden Dawn Society, escribía sobre seres inteligentes que existieron antes que la raza humana; también advertía: "De dichos seres es probable que haya una supervivencia o resto, del cual la poesía y la leyenda cogieron sólo un fugaz recuerdo y los llamaron dioses y monstruos." [Fiebag et al., 2002] El Dr. Dale A. Rusell, sugirió que en algún momento de la evolución, una especie de dinosaurios había alcanzado una capacidad tecnológica tan avanzada que le permitió realizar viajes interplanetarios. [Barclay, 1999] Siendo el ser humano manipulado genéticamente por dicha raza hace decenas de millones de años. [Barclay, 1999] Otros autores, como el Dr. Cabrera, son más partidarios de creer en una raza extraterrestre que manipuló al ser humano (en fechas similares) y el propio Dr. Cabrera propuso que dichos seres llegaron desde Las Pléyades.[17] [Cabrera, 1976] Posteriormente otros autores propusieron que dicha raza anfibia procedía de Sirio [Temple, 1998] o del planeta Nibiru, en la

---

[17] D. Barclay y J. Cabrera, coinciden en afirmar que la fecha de la manipulación ocurrió hace decenas de millones de años. Curiosamente, en mayo de 2009 se presentó un fósil de 47 millones de años, considerado el eslabón perdido entre los primates haplorrinos (monos, simios y humanos) y sus parientes más lejanos; es decir, un antepasado común entre dos subórdenes de primates, del cual descenderían los seres humanos y los lémures. [Valderrama y Arrieta, 1999]

constelación de Orión. [Sitchin, 2002] Estableciendo la manipulación genética en tiempos más próximos.

Muchos han creído encontrar algún vestigio submarino de aquella civilización; así por ejemplo, unas grabaciones de sonar realizadas en la fosa Milne-Edwards, frente a la costa del Perú, parecían indicar configuraciones "muy extrañas" en el fondo del océano, que aparentemente era una superficie cubierta de lodo. Unas fotografías tomadas a una profundidad de 2.000 metros por el doctor Menzies, de la Universidad de Duke, desde el barco oceanógrafico Antón Bruun en 1.965, mostraban lo que parecían enormes pilares y murallas. Algunos parecían cubiertos de signos caligráficos. Cuando se trató de tomar otras fotografías se advirtió que aunque la posición de la cámara especial fue modificada por las corrientes submarinas, se obtuvieron otras placas de rocas con formas artificiales que yacían sobre los costados, y algunas de ellas en montones, como si hubiesen rodado unas encima de otras. [Berlitz, 1976] De igual modo, la ingeniera oceánica Paulina Zelitsky, utilizando equipos de sonar a bordo del barco de investigación Ulises, descubrió de manera accidental unas gigantescas formaciones rocosas, posiblemente de granito, situadas al frente de la península de Yucatán y la isla de Cuba, a una profundidad de 650 metros y las cuales, a primera vista, parecen tener una determinada organización que incluiría formas piramidales, a las que Zelitsky atribuye una antigüedad de 8.000 años. [Fiebag et al., 2002] Muchos científicos internacionales ven con escepticismo la teoría de que la formación rocosa sea una ciudad hundida, y consideran poco creíble los datos sobre profundidad y antigüedad. Algunos arqueólogos europeos, por su parte, también ponen en duda que lo encontrado en aguas caribeñas sean los restos de una ciudad antigua y piensan que puede tratarse de una formación natural de caliza. No obstante, el geólogo Manuel Iturralde, del Museo Nacional de Historia Natural, asegura que no parece haber una explicación natural para esta formación; mientras que Paulina Zelitsky, señala: "parece posible que haya algún tipo de diseño inteligente en la configuración y planeamiento de la estructura". La mayor parte de estos bloques tiene unas dimensiones gigantescas, alcanzando los cinco metros de altura y varias toneladas de peso. Se supone que las piedras fueron cortadas, talladas y pulidas para encajar unas con otras y formar estructuras mayores. Igualmente se cree que hay abundantes inscripciones, las cuales se encuentran prácticamente en todas partes del yacimiento, así como símbolos y dibujos cuyo significado se desconoce. [Fiebag et al., 2002]

Algunos relatos de abducidos, han relatado alguna experiencia sobre estas bases submarinas, e incluso describen su arquitectura como "grandes esferas de vidrios de kilómetros de diámetro" entre las cuales "se destaca una inmensa pirámide del mismo material". [Iurchuk, 2003] El mismo Ivan T. Sanderson mencionaba la existencia de gigantescas cúpulas submarinas transparentes que han sido vistas frente a la costa de España por buceadores en busca de esponjas, y también desde la superficie, cuando la transparencia de las aguas era favorable, en la plataforma continental norteamericana. [Berlitz, 1976]

Curiosamente, en 1.967, Robert Brush, estudioso de la arqueología marina y buen piloto de aviación, sobrevolando las islas de Bimini y Andros, vio desde el aire, a través de las aguas cristalinas, una forma piramidal, la cual no pensó que se hubiese formado por erosión natural. Tomó fotografías y se las mostró a Dimitri Rebikoff y a Manson Valentin. Cuando fueron a buscarla al lugar en que la habían localizado no la encontraron. Pero, en 1.968 el doctor Ray Brown encontró, cerca de donde Brush había dicho, una pirámide de tipo egipcio cuya superficie estaba pulida como un espejo; tras darle tres vueltas localizó una abertura (que antes no estaba) y penetró dentro de una estancia parecida a un templo, estaba anegada de agua pero no había arena ni algas ni seres vivos y no habían signos de corrosión o desgaste. En el centro, dos grandes manos que parecían de bronce y con las palmas de oro, sostenían una esfera que irradiaba una tenue luz de origen desconocido. Del techo de la bóveda descendía un cilindro de, aproximadamente 8 centímetros de diámetro, en cuyo extremo llevaba engastada una piedra roja en forma de punta de lanza, que apuntaba a la esfera de cristal. Varios asientos se distribuían por la sala en el centro de los cuales se hallaba uno más elevado. Brown robó el cristal y se marchó de allí porque, según cuenta, una voz en su interior se lo dijo. Un estudio de la esfera, certificó que es de cuarzo tallado y se tasó en 20.000 dólares. Brown jamás regresó y todos los que han vuelto al lugar de origen de la esfera han desaparecido (a veces, en misteriosas circunstancias). Evidentemente, el relato fue desechado inmediatamente por la comunidad científica; pero pasados los años, Claudio Soler y Mónica Quirón afirman que "muchos investigadores, entre ellos biólogos, geólogos, arqueólogos, antropólogos y etnólogos" han tenido que reconocer que no pueden desmentir sus palabras, y aseguran que "otros muchos" las aceptan como verdad. En 1.977 la comunidad científica tuvo que admitir el hallazgo, posteriores expediciones confirmaron la existencia de una estructura en el fondo marino (gracias a las sondas submarinas); la agencia *France Presse*, concretaba que una pirámide se hallaba a 200 metros de profundidad en la misma localización que dijo Brown. También la revista *Newsweek* en 1.983 realizó un reportaje, en el cual expertos submarinistas corroboraban el hallazgo. [Soler y Quirón, 2003]

Referencias bibliográficas

- Barclay D. *Extraterrestres. La respuesta definitiva sobre los ovnis.* Barcelona. Ed. Timun Mas; 1999
- Berlitz Ch. *El misterio de la Atlántida.* Ed. Pomaire; 1976
- Bondeson J. *La sirena de Fiji.* 2000. México. Ed. Siglo XXI
- Cabrera Darquea J. *El Mensaje de las piedras grabadas de Ica.* Ed Inti Sol; 1976
- Corrales S. *Sombras bajo el mar: Los submarinos desconocidos.* Boletín El fuego del dragón. 2004; n° 67 (marzo). Disponible en: http://dragoninvisible.com.ar.
- Darnaude Rojas-Marcos I. *Hipótesis explicativas de la naturaleza, origen y propósitos de los objetos no identificados.* Boletín El fuego del dragón. 2005 (artículo en 4 partes); n° 84 (agosto), n° 85 (septiembre). 86 (octubre) y 87 (diciembre). Disponible en: http://dragoninvisible.com.ar.
- Fiebag P, Gruber E, Holbe R. *Enigma-Die Grossen Rätsel unserer Welt* (6 tomos). 2002. Múnich. Ed. Wissen Media Verlag
- Flammonde P. *UFO exist!* Ed Ballantine; 1977
- García Bautista JM. *La realidad OSNI en el litoral andaluz.* Boletín El fuego del dragón. 2000; n° 27 (noviembre). Disponible en: http://dragoninvisible.com.ar.
- Gato Rivera B. *Universos Branas, el Principio Subantrópico y la Conjetura de Indetectabilidad.* Physics. 2004; 0308078
- González Fairén A. *Astrobiología: la evolución de una nueva ciencia.* Enseñanza de las Ciencias de la Tierra. 2003;(11)3:194-201
- Iurchuk CA. *Abducciones y visitantes de dormitorios.* Boletín El fuego del dragón. 2003; n° 61 (septiembre). Disponible en: http://dragoninvisible.com.ar.
- Manglano V. *Ciencia y OVNIS.* Revista Stendek. 1980; n° 40 (junio).
- Mario OA. *El OVNI como fenómeno sociológico.* Boletín El fuego del dragón. 2001; n° 29 (enero). Disponible en: http://dragoninvisible.com.ar.
- Marseille J, Laneyrie-Dagen N. *Los grandes enigmas.* Barcelona. Ed. Larousse; 2004

- Martin J. *Frederick Valentich y José Alberto Pagán... ¿Pilotos raptados por Extraterrestres?* Boletín El fuego del dragón. 2003; nº 54 (febrero). Disponible en: http://dragoninvisible.com.ar.

- Mendoza Palacios E. *¿Cómo puede reconocerse un fraude ovni?* Boletín El Fuego del Dragón; 2004; nº 67 (marzo). Disponible en: http://fuego.dragoninvisible.com.ar

- Ministry of Defence (MoD). *UFO Reports in the UK.* 16/02/2006. Disponible en: http://www.mod.uk.

- Montes M, Munnshe J. (editores) *Hace 25 años.* Boletín Noticias de la Ciencia y la tecnología. 1999; vol I, nº 91 (19 de noviembre). Disponible en: http://www.amazings.com/ciencia/

- Morales Gamboa E. *Historia de la exploración submarina.* Ed. Ediciones Universitarias de Valparaíso; 2007

- Morey M. *El triángulo inmortal de las Baleares.* Papers d'OVNIs. 1998; nº 2: II Época (mayo-junio). Disponible en: http://www.telefonica.net/web2/cei/

- Ribero Meneses JM. *La edad anfibia.* Ed. Ediciones de Cámara; 2001

- Roldán JA, Roldán M. *Bio-ovnis, la teoría olvidada.* Boletín El fuego del dragón. 2000; nº 28 (diciembre). Disponible en: http://dragoninvisible.com.ar.

- Sitchin Z. *El doceavo Planeta.* Barcelona. 2002. Ed. Obelisco

- Sullivan WT. *From Ozma to Cyclops: The Beginnings of American SETI, 1959-70.* 2002. Boletín de la American Astronomical Society, vol. 34 (diciembre) p-1151

- Temple R. *El misterio de Sirio. Nuevas pruebas científicas de contactos con extraterrestres hace 5.000 años.* 1998. Ed Timun Mas

- Trujillo Medina L. *Biodiversidad y Evolución.* 2007. Ed. Bubok Publishing.

- Valderrama JB, Arrieta GA. *Ida, el eslabón perdido y el Dr. Javier Cabrera.* El Dragón Invisible; 1999. Disponible en: http://dragoninvisible.com.ar

- Vallée J. *Passport to Magonia: from folklore to flying saucers.* Chicago. Ed. H. Regnery; 1969

- Ynduráin Muñoz FJ. *¿Existen civilizaciones extraterrestres?* Rev.R.Acad.Cienc.Exact.Fís.Nat. (Esp), 2003; 97: 333-350.

La tradición judeo-cristiana, menciona claramente como unos seres denominados *elohim* ("los dioses" o "los poderosos"), crean al ser humano a "su imagen y semejanza". [Voltaire, 1920 a] [Voltaire, 1920 b] [Sendy, 1979] [Zillmer, 2000] [Trigueros-Muñoz, 2007] En este sentido, debemos recordar que Adán es un término genérico similar al de "humanidad", ya que la definición de hombre es *ish* en hebreo. [Robbins, 2003] Por lo que la definición inicial de Adán (*adam* ya que en hebreo no existen las mayúsculas) es "macho-hembra". [Sendy, 1979] Posteriormente, especifica que usó "una costilla" de los "primeros creados" (Adán) para formar más humanos. [Zillmer, 2000] O bien para rehacerlos. [Voltaire, 1920 a] No podemos afirmar el motivo por el cual se necesitó formar más humanos y el porqué se precisó usar una "costilla" como elemento de creación. Sin embargo, dado que sabemos que los textos sumerios y acadios, son considerados la "inspiración" de los judíos. [Zillmer, 2000] [Robbins, 2003] Estando estos últimos directamente vinculados a la literatura de Ugarit. [Calderón Nuñez, 2009] Admitiendo la hipótesis de una influencia de la literatura sumeria sobre *La Biblia*, las cosas se pueden aclarar un poco más. [Kramer, 1985]

En sumerio, el vocablo *ti* significa tanto "costilla" como "hacer vivir", por lo que podemos suponer que el texto hebreo retoma el juego de palabras sumerio de "costilla" y "hacer vivir"; y aunque en hebreo, las palabras que significan "costilla" y "vida" no tienen nada en común, [Kramer, 1985] debido a que es evidente que el texto hebreo está "inspirado" en el sumerio, dicho juego de palabras pasó a *La Biblia*. [Kramer, 1985]

En el relato original sumerio (*Enki y Ninhursag*), se menciona este juego de palabras cuando una de las partes enfermas del cuerpo de Enki (por comer 8 plantas prohibidas) es una "costilla"; por lo que la diosa denominada "Dama de la costilla" es la encargada de curarle (en sumerio, *Nin-ti* significa tanto "Dama de la costilla", como "Dama de la vida", o "Dama que hace vivir"). [Kramer, 1985]

En el caso del texto hebreo, algunos lo interpretan como que se utilizó la "fuerza vital" (ADN) de los "primeros creados" (Adán), ya que el signo cuneiforme para costilla (*ti*) también significa "fuerza vital". [Langbein, 1995]

Es probable que la explicación a que existan dos versiones diferentes de la creación en *La Biblia,* [Robbins, 2003] también la podamos encontrar en algunas tablillas sumerias.

Según dichas tablillas, unos individuos denominados *anunnaki*, [18] precisaban oro para reparar la atmósfera de su planeta (denominado Nibiru) [Zillmer, 2000] [Sitchin, 2002] [Benito Vidal, 2003] siendo posiblemente la descripción de una gran nave espacial, ya que las

---

[18] Anunnaki debe significar hijos de cielo o hijos de Anu. [Temple, 1998] [Sitchin, 2002] Aunque algunos autores prefieren traducirlo como "de sangre real" [Leick, 2001] o "hijos de príncipes" [Black y Green, 1992]. También se ha mencionado que debería traducirse literalmente (*a.nun.na.ki)* como "los poderosos del agua". [King, 1902] [Jastrow, 1893] Lo cual resulta muy ilustrativo.

sondas espaciales se protegen con el mismo material. [Zillmer, 2000]
Además, la posibilidad de que se trate de un planeta errante parece
poco creíble, siendo más posible que se trate de un objeto tripulado. A
este respecto cabe mencionar que científicos como L.R. Shepherd,
I.M. Levitt, Dandridge Cole, J.D. Bernal y Donald Cox, afirman que
es posible utilizar asteroides como vehículos espaciales, e incluso
vaciándolos, podrían realizar el papel de arcas espaciales y sostener la
vida en el espacio interplanetario. [Paine, 1990 a] [Paine, 1990 b]
[Cox y Chestek, 1998]

Figura 18. Sello cilíndrico acadio (3.000 aC., aprox.), donde se describe al sistema solar (de 7 planetas), el sol, la luna, a un *anunnaki* y se aprecia un objeto volador tripulado; siendo clara su referencia a tecnología espacial. Vorderasiatische Museum, Berlin.

Algunos datos parecen demostrar esta posibilidad, como el avistamiento de una luna en Venus que apareció y desapareció hasta que desde 1.892 nadie la ha vuelto a ver. O el caso del planetoide Vulcano, avistado desde 1.859 hasta 1.878 [Fiebag et al., 2002] Incluso actualmente existen varios objetos "sospechosos", como el CG9, el 1.996 PW o el 1.991 VG (en este último, el radar da un "efecto cero"). [Fiebag et al., 2002]

Siguiendo el relato sumerio, los *anunnaki* tras comprender lo pesado de su tarea, pese a poseer una tecnología equiparable a la actual o incluso superior, [Sitchin, 2002] [Benito Vidal, 2003] decidieron "crear" un esclavo a partir de una criatura terrestre. [Zillmer, 2000] [Sitchin, 2002] [Benito Vidal, 2003] Muchos han insinuado que existió una manipulación genética en el homo más primitivo, circunstancia la cual, originó el homo sapiens. [Benito Vidal, 2003] [Sitchin, 2002] [Barclay, 1999] [Temple, 1998] [Cabrera, 1976] El momento de la manipulación de dicho primitivo primate, ancestro del humano actual, no se ha llegado a especificar de forma adecuada ya que los textos no lo especifican. De forma que aunque se menciona en los textos sumerios, que la Tierra en el momento en que llegaron los *anunnaki* se encontraba semi-congelada, [Sitchin, 2002] [Benito Vidal, 2003] no se menciona claramente el momento en el cual llegan a la Tierra y en qué momento deciden crear a dicho esclavo.

Los textos mencionan que tras su llegada trabajaron 40 periodos, [Sitchin, 2002] [Benito Vidal, 2003] lo que para algunos podría significar 144.000 años (ciclos de 3.600 años, un *shar* o *sari*) [Sitchin, 2002] [Benito Vidal, 2003] remontando la circunstancia del uso de esclavos, y la posible manipulación genética, a unos 300.000 años (llegando por tanto hace 450.000 años). [Sitchin, 2002]

Sin embargo, dado que en la antigüedad, el número 60, formaba la base para determinar el tiempo y ello se basaba en ciertos ciclos astrológicos (la alineación de Júpiter y Saturno), como el ciclo indio de *Vrishaspati*, el periodo *henti* egipcio (constaba de dos periodos de 60 años), el *sossus* sumerio (*soss* en caldeo) o el ciclo *jia zi* (*chia tzu*). [Temple, 1998] Podríamos sugerir que los *anunnaki* trabajaron 2.400 años antes de utilizar esclavos (llegando hace unos 7.400 años).

De igual modo, sabemos que el periodo sari, podría representar tanto 3.600 años como 18,5 años. [Bou, 2010] Por lo que los 40 periodos se podrían reducir aún más y quedar en 340 años (llegando hace unos 2.281 años).

Sin embargo, ninguno de estos cálculos se ajusta a lo que la geología nos ha mostrado, ya que el último ciclo glaciar ocurrió hace 130.000 años y se extendió hasta hace 10.000 años (aproximadamente) y tuvo su momento álgido entre 40.000 y 18.000 años atrás. [Serrano y Gutiérrez, 2000] Dado que el año 8.300 aC, representa la fecha de la retirada de los glaciares en Europa y comienzo del Mesolítico, [Rodríguez de Miñón, 2010] debemos suponer que su llegada debe representar una época anterior a dicho periodo; probablemente en el momento álgido de dicha glaciación ya que es el único momento en el cual pudiese estar la "Tierra semi-congelada".

Existen algunos textos, donde se mencionan reinados en los albores de la historia que por su duración, merecen ser considerados imposibles; sin embargo, fueron realizados por historiadores que en dicha época, parecieron considerarlos reales (o al menos importantes como para citarlos textualmente) ya que también se incluyen tras dichas cronologías otras aceptadas como fidedignas. Dichos textos parecen dar la razón a quienes opinan que los *anunnaki* llegaron hace cientos de miles de años.

La cronología de los reyes mesopotámicos abarca hasta el siglo XVIII aC. Proviene de varias fuentes; la mayoría de los archivos de Nippur (15 tablillas), o de listas de diversas dinastías (amorrita de Larsa, Isin y de la Lista Real sumeria). [Bou, 2010]

En dichas cronologías se mencionan reyes (entre 8 y 10) cuyo reinado fue de miles de años, y aunque no hay una total coincidencia en las listas, existen paralelismos entre ellas, siendo algunos reyes coincidentes en ambas aunque el orden de sucesión de los soberanos no es idéntico en las dos cronologías. [Bou, 2010]

Parece que en *La leyenda de Adapa* (atestiguada hacia el 1500 aC), Uanna (helenizado Oannes por Beroso) apodado como Adapa ("el sabio"), aparece con A-lulim, el primero de los diez reyes. [Bou, 2010] Otros relatos basados en Beroso (siglo III aC), pese a que todos nombran a A-lulim (Alorus) como primer rey, no están del todo de acuerdo en la aparición de Oannes. [Pauwels y Bergier, 1972] Así, mientras Alejandro Polihistor lo cita junto a A-lulim en el primer año de su reinado, [Pauwels y Bergier, 1972] [Temple, 1998] Abideno no lo menciona aunque afirma que fue "Dios" quien le nombró rey y posteriormente añade que salió un segundo ser similar a Oannes durante el reinado del tercer rey (Amilarus). [Pauwels y Bergier, 1972] [Temple, 1998] Mientras que Apolodoro lo sitúa en tiempos de Ammenon (el 4° rey), y 40 *saris* después de Polihistor. [Pauwels y Bergier, 1972] [Temple, 1998]

En el papiro que se denomina *Canon Real de Turín* (también conocido como Canon de Turín o Lista de Reyes de Turín), menciona los inicios de Egipto bajo el rey (y dios) Ptah; cuyos epítetos fueron "señor de las serpientes y de los peces" , "señor de la magia" y , "señor de la Oscuridad". También menciona a ocho seguidores (eneada). Posteriormente menciona a Horus y a sus ocho seguidores, denominados *Hor-shesu* o *Shemsu-heru*; los cuales pudieron reinar hasta 13.420 años antes de la época dinástica.[19] [Brodrick y Morton, 2003]

---

[19] El primer rey de la primera dinastía fue Mena de Tini "el tenaz". Hacia el 4.777 aC, todo lo que se sabe de él consiste en unos pocos enunciados de dudosa credibilidad. [Brodrick y Morton, 2003] Actualmente se asocia con Narmer y se le data con una antigüedad menor (aprox. 3.200 aC). [Shaw, 2000]

Dicha cronología es bastante similar a la que el historiador Manetón escribió. [Brodrick y Morton, 2003] [Vallejo, 2002] El cual afirmaba que existió una dinastía de dioses que vivió 13.900 años; [Barceló, 2002] [Zillmer, 2000] a la que sucedió una de semidioses que se perpetuó 11.000 años más [Zillmer, 2000] Otros autores matizan más esa época y refieren 1.255 años gobernados por semidioses, a la cual siguió una dinastía de reyes durante 2.367 años y una posterior etapa de casi 60 siglos que estuvieron a merced de "los espíritus de la muerte". [Barceló, 2002]

La Biblia (*Pentateuco*) enumera diez patriarcas desde Adán hasta Noé. [Enciclopedia Católica, 1999] Dada la longevidad de dichos patriarcas y la mención de un diluvio, se han relacionado dichas listas con las sumerias [Alexander, 2008] e incluso para algunos, no hay duda que Ziusudra y Noé se refieren a la misma persona, y Adán puede ser identificado con A-lulim. [IBSS, 2008]

En cuanto a la duración de los reinados sumerios, hasta la fecha no hay una respuesta satisfactoria, y se ha barajado que representase cierta relación con las yugas indias, los equinoccios o incluso la coincidencia de los ciclos lunares y solares (en China se elaboró poco antes que la época de Beroso un nuevo calendario basado en el ciclo de 19 años o 235 lunaciones, compuesto por 12 años de 12 meses lunares y 7 años de 13 meses lunares, y este ciclo de 19 años fue reformulado por el Griego Meton de Atenas en el 430 aC). [Bou, 2010]

Sin embargo, y de igual modo que ocurría con las listas sumerias, *La Biblia* también menciona una lista de nombres paralela, donde hay seis nombres, que supuestamente son los mismos en ambos registros, ya que solo difieren en la forma en que se pronuncian (Caín o Cainán, Henoc, Irad o Jared, Mejuyael o Malaleel, Matusalén o Matusala y Lámek). [Enciclopedia Católica, 1999]

Por lo tanto, entre los nombres de los diez patriarcas hay seis que aparecen también en la lista de los descendientes de Caín. Puesto que la tabla de los cainitas en el capítulo 4 pertenece a un documento más antiguo que el de los adamitas en el capítulo 5, los nombres de la última tabla se tomaron de la primera. Los críticos hayan apoyo para esta inferencia en el significado de los nombres Adán, Enós y Caín o Cainán. Los nombres Adán y Enós significan "hombre"; Caín o Cainán significa "el engendrado" o "el hijo obtenido"; así podemos tener el paralelo Adán-Caín, Enós-Cainán, es decir, el hombre y sus descendientes. [Enciclopedia Católica, 1999]

Así, cuando en *La Biblia* se menciona la edad en la cual el patriarca engendró al hijo que le sucedió, puede significar el momento en que dicha familia se cruzó con otra. En especial si tenemos en cuenta que en hebreo "hijo" puede significar "descendiente" no sólo una relación padre-hijo directo. [IBSS, 2008]

Recordando que Adán es un término genérico similar al de "humanidad", [Robbins, 2003] y dado que parece claro que la dinastía de Adán, la de Caín y las de los reyes mesopotámicos guardan una relación evidente. [Enciclopedia Católica, 1999] [IBSS, 2008] La explicación más plausible para la duración de reinados milenarios debe ser la que menciona que se trata de genealogías de familias (dinastías) y no de un solo individuo; por tanto debemos suponer que existieron 10 familias que fueron tuteladas o protegidas por los seres de aspecto anfibio sumerios y que han sido descritos en las diferentes tradiciones como *elohim, nephilim, anunnaki,* etc.[20]

Ello permite creer en la posibilidad de que existiesen civilizaciones avanzadas antes que las descritas por la arqueología actual. Del mismo modo, dado que dichas familias fueron reyes, se observa una injerencia importante en los asuntos de poder (y religión).

Dicha injerencia no sólo hay que establecerla en Mesopotamia o en Egipto ya que la tradición de los diez antiguos ancestros se halla también en otras culturas; por ejemplo, entre los diez duques cántabros y la diosa Tyke (Duke), [Ribero Meneses, 1999] entre los hindúes con sus diez Pitris o antepasados (que incluye a Brahma y los nueve brahmanitas), entre los antiguos alemanes y escandinavos, con

---

[20] Pese a que la mención de los años vividos, tanto en las listas sumerias como en *La Biblia,* hemos visto que debe representar genealogías; resulta significativo mencionar que en el sagrado libro hindú, se enseñaba que el hombre en los primeros siglos vivió 400 años, 300 años más tarde, después 200 años, y en la última y cuarta edad, la esperanza de vida se redujo a 100 años. [von Fange, 1984]. Hay también constancia de que un emperador chino propuso una pregunta sobre por qué los antiguos vivían mucho más años que en su tiempo. [von Fange, 1984] Podemos proponer una respuesta alternativa: su relación con tecnología espacial, ya que permanecer muchos años en microgravedad, podría aumentar la duración de la vida a causa de la disminución del metabolismo. [Miquel Calatayud, 2004]

su creencia en los diez ancestros de Odín, etc. [Enciclopedia Católica, 1999]

A través de los conocimientos actuales en genética, se ha determinado que hace unos 300.000 años, los antepasados de la especie humana (actual) se redujeron tanto que de hecho, únicamente una hembra es la responsable de toda la descendencia actual. [Martínez, 2003] Estudios científicos sitúan dicha reducción (denominada "cuello de botella") en diversos periodos, de modo que según autores (Harpending et al.; Sherry et al.; Rogers y Jorde), se puede situar dicho evento desde hace 130.000 años, hasta hace 30.000 años. [Jones, 2007] La teoría más completa afirma que dicho "cuello de botella" ocurrió hace unos 71.000 años, reduciendo a menos de 2.000 individuos toda la humanidad. [Whitehouse, 2003] [Jones, 2007] Dicho hecho se ha asociado a una inmensa erupción volcánica (volcán Toba, en Indonesia) [Weber, 2007] que produjo a nivel mundial algo similar a un invierno nuclear. [Jones, 2007] Sin embargo, dicha explicación todavía no es aceptada plenamente, ya que algunos autores (Oppenheimer; Gathorne-Hardy y Harcourt-Smith) manifiestan que dicho invierno nuclear fue muy localizado ya que por ejemplo, en dicho periodo no se ha registrado ninguna extinción de animales y/o plantas en algunas zonas muy próximas (a 350 km). [Jones, 2007] Posteriormente a dicho periodo (hace unos 66.000) se produce la primera migración fuera de África hacia otros lugares del mundo; ocurriendo previamente la separación entre humanos cazadoresrecolectores y humanos agricultores (entre 140.000 y 70.000 años). [Whitehouse, 2003]

Probablemente se encuentre en *La Biblia* la respuesta, ya que se inicia con el término *bereshith* el cual debido a sus matices interpretativos, se ha traducido como "al principio", [Sendy, 1979] "en principio" o "en un principio". [Trigueros-Muñoz, 2007] Sin embargo, una traducción literal es: "Debido a las cosas denominadas 'primero'. [Trigueros-Muñoz, 2007] Por lo que claramente menciona que los *elohim* tenían unas primicias en su labor, el motivo de dichas primicias, se explica en la siguiente frase, ya que menciona que: "la Tierra (*v'et ha aretz*) se volvió (o llegó a ser: *haitah*) desolada (*tahu*) y vacía (o sin nada: *va-bohu*)". [Danyans, 1969] La expresión *tahu-va-hou*, es una expresión imitativa que significa "caos" o "desorden", [Sendy, 1979] En el *Antiguo Testamento*, se repite únicamente dos veces más (*Isaías* 34:11 y *Jeremías* 4:24-26) y siempre significa destrucción como resultado del "juicio divino". [Danyans, 1969]

Por lo tanto parece claro que tras algún cataclismo, la Tierra se vuelve inhospita y los *elohim*, tratan que de nuevo, sea habitable. [Sendy, 1979]

La tradición hindú, algunos mitos egipcios, griegos y de la América precolombina (como la tradición de los hopis, o de los mayas entre otros), establecen que la humanidad y la Tierra ha sufrido varias veces una catástrofe que casi aniquila al género humano; [Sitchin, 2002] [Barclay, 1999] [Temple, 1998] [Faber-Kaiser, 1992] [Aziz, 1978] Tal y como hemos visto, los estudios genéticos indican algo similar. Del estudio de las costas en todo el mundo surge que la morfología actual se debe en gran parte a los eventos ocurridos durante los últimos 6.000 años [Kelletat, 1995], tiempo que es extremadamente corto en términos geológicos y geomorfológicos. [Kokot, 2004] La conclusión es que, en efecto, algo debió ocurrir en un pasado lejano del cual ya no queda constancia; lo que resulta más preocupante es: ¿fue por motivos naturales, o producido por un mal uso de la tecnología?

Sea como fuere, si la humanidad se redujo en alguna ocasión (u ocasiones), y tal como parece, persistió un nivel avanzado tecnológico (aunque no globalizado), podríamos pensar que se intentó una repoblación artificial con el objeto de que la especie no se extinguiera. Tal vez de ahí proviene el mandato bíblico de: "crecer y multiplicaros".

La manipulación genética, parece la respuesta más evidente; sobre todo si tenemos en cuenta que en *Génesis* (6:3), se menciona claramente que "sus días serán 120 años", [Casciaro, 1979] lo cual había sido interpretado tradicionalmente por los eruditos como que concedieron al hombre una duración de vida de 120 años. [Boulay, 1999] Posteriormente dicha interpretación ha sido puesta en entredicho, ya que por ejemplo, algunos descendientes de Noé vivieron más del límite de 120 años. [Casciaro, 1979] [Boulay, 1999] Por lo que se podría también interpretar como que los 120 años fueron un período de prueba, dando al hombre la opción de evitar su destrucción (mediante el diluvio) cambiando su camino. [Boulay, 1999] Sin embargo, la existencia de un techo, de una barrera temporal infranqueable para el ser humano, se ve confirmada desde el punto de vista biológico mediante la investigación realizada por Hayflick y Moorhead quienes observan un límite en el proceso de regeneración celular. [Hayflick y Moorhead, 1961] Estudios posteriores han revelado que los telómeros que cubren los extremos de los cromosomas se acortan en cada división celular llegando a agotarse tras cincuenta particiones aproximadamente, lo que detiene el sistema de regeneración y hace que las células envejezcan y mueran. [Hayflick, 1965] Estas cincuenta divisiones celulares impiden al ser humano superar una barrera situada en torno a los 120 años de edad. [Hayflick, 2000]

Algo similar se aprecia en el *Corán* (*Sura XVI* (*La Abeja*):4. *Sura LXXV* (*La Resurrección*):37. *Sura LIII* (*La Estrella*):47), cuando se menciona que el hombre ha sido creado con "una gota de esperma", e incluso aclara que "hemos creado al hombre de esperma que contiene la mezcla de ambos sexos" (*Sura LXXVI* (*El Hombre*):2), lo cual resulta sorprendente, ya que no fue hasta 1.677 que se supo del papel del espermatozoide en la reproducción.[21] [Torrent, 2008]

---

[21] Antoine van Leeuwwnhoek (1.632-1.723) fue el primero en ver y comprender el papel de un espermatozoide humano en la reproducción. Sin embargo creyó que la cabeza de cada espermatozoide contenía un ser humano en miniatura, que podía crecer hasta la madurez después de la fecundación. En 1.773, el fisiólogo Spallanzani, fue el primero en conseguir en el

Los textos sumerios nos dicen que se "crearon cuatro regiones", para habitar la Tierra. [Sitchin, 2002] Algunos autores identifican tres de esas regiones (Mesopotamia, el valle del Nilo y el valle del Indo) como los lugares donde "se instaló el Hombre"; mientras que la cuarta región estaba "dedicada, restringida". Es decir, una zona a la que sólo se podía acceder con autorización; ya que entrar en ella sin permiso podía llevar rápidamente a la muerte, propiciada por fieros guardianes con "armas terroríficas". [Sitchin, 2002]

Según algunos autores, a esta tierra o región se le llamó *Til.Mun* (literalmente, "el lugar de los misiles"). [Sitchin, 2002] Dicha región también se ha denominado *Dilum* o *Dilmun*. Pese a mencionarse su existencia en textos antiguos que datan de 3.300-2.300 aC, los arqueólogos no han logrado encontrar un sitio para ubicarla. [Howard-Carter, 1987]

En el relato de *Enki y Ninhursag*, el *Dilmun* es una tierra pura, brillante y santa, regada por 4 ríos de agua dulce, llena de lagos y palmeras y árboles; además en el *Dilmun* los dioses parían sin dolor. Es a veces descrito como "El lugar de la salida del sol" o "La tierra de la vida" y su patrona es Ninsikil. En *Enki y Ninhursag*, la describe como "Una tierra virginal y prístina, donde los leones no matan, los lobos no se llevan a los corderos, los cerdos no saben que los granos son para comer". Aparentemente, es el lugar donde tuvo escena la

---

laboratorio la fecundación de huevos de rana con esperma. Oskar Hertwig, en 1.875, demostró que el espermatozoide y el óvulo eran células cuya fusión era indispensable para la fecundación. [Torrent, 2008]

historia épica de la creación protagonizada por Enki, Ninhursag y Nammu y relatada en el *Enuma Elish*. En *Dilmun* es donde fue enviado Ziusudra, (Utnapishtim), luego del Diluvio, para vivir por siempre. Además, era donde se encontraba la morada de Ninlil, la diosa del aire. [Kramer, 1985] Si tenemos en cuenta la *Epopeya de Gilgamesh*, hay una relación evidente entre el *Apzu*, lugar de origen de Enki, y el *Dilmun*, ya que se le denomina "el abismo de *Dilmun*", y Gilgamesh accede al mismo cavando un profundo pozo (y descubre un lago subterráneo). [Fiebag et al., 2002]

También *Dilmun* es el nombre dado a los antiguos enclaves comerciales situados en las islas de Bahrein en el Golfo Pérsico (conocida como Tylos por los griegos, y Awal o Mishmahig por los persas) que dada su situación en las rutas comerciales marítimas que unían Mesopotamia y el Valle del Indo se desarrolló como un importante enclave comercial del mundo antiguo; actualmente, los investigadores opinan que el *Tilmun* de los textos es diferente al *Dilmun* histórico y posee otra ubicación, posiblemente en la cuenca del Indo y no en el archipiélago de las Bahrein, como se creía hasta ahora. Hay también coincidencias entre el sumerio y las lenguas dravídicas del sur de la India,[22] y los hallazgos sumerios en Mohenjo-Daro y Harappa parecen confirmar su origen del Este, donde la

---

[22] También se ha encontrado coincidencias entre los símbolos de escritura usado en el valle del Indo y los de la isla de Pascua. [Campbell, 1987] [Mazière, 1973]

"civilización del Indo", representada sobre todo por esas dos ciudades, es contemporánea a la Sumeria. [Howard-Carter, 1987]

Algunas coincidencias geográficas descritas en los textos y otros datos, permiten afirmar que el *Dilmun* sumerio y el Edén hebraico no eran más que uno en sus orígenes. [Kramer, 1985]

Entonces, ¿dónde se sitúa dicho Edén?

Se han descrito más de 80 localizaciones diferentes para el Edén bíblico, [Robbins, 2003] al parecer, las más aceptadas sugieren una zona indeterminada de Mesopotamia o del Golfo de Adén (Adramawt), [Robbins, 2003] aunque ninguna ha sido completamente aceptada. Merece la pena destacar que, según afirma Dawlin A. Ureña, miembro de la Asociación Creation Research Society, los musulmanes nunca se habían planteado que el *Janna* (paraíso donde fue creado el hombre), estuviese en la Tierra, no ha sido hasta hace poco y con motivo de la "presión evolucionista" lo que ha motivado a opinar que dicho lugar estuviese en la Tierra. Bal Gangadhar Tilak, encontró en los mitos de la India, una tierra situada en los confines extremos del mundo, denominándola *Uttarakuru, Paradesha, Pairidaez, Paràdeisos* o *Pardes*. ¿Es posible que fuese tan extrema que no estuviese en la Tierra? ¿Estaba acaso en un satélite artificial? La posibilidad de una zona protegida alejada de la Tierra, se explica bien en la *Torah* cuando menciona que hizo para Adán y su mujer una "túnica de piel" ("*kitonut ur*") y los expulsó hacia la Tierra "de la que fue tomado", donde debieron continuar "labrándola"; es decir que las labores de extracción minera, se debieron de realizar en la Tierra (probablemente tras aprenderlas, siendo tal vez parte de "la ciencia del árbol"). Dadas las descripciones del palacio de Anu, sabemos que se encontraba en la zona desde donde despegaban los cohetes hacia las colonias espaciales (morada de los dioses) y por ello, es muy probable que los experimentos se produjeran allí. [Torrent, 2008] Además hay que recordar que en dicho lugar se situaba la morada de Ninlil, la diosa del aire. [Kramer, 1985] Y dado que una de las prioridades de los *elohim* era los "*šhamáyim*", que se ha traducido como "los cielos", aunque si tenemos en cuenta que los *šhamáyim* "fueron creados de fuego y agua", [Trigueros-Muñoz, 2007] parece indicar objetos tecnológicos. ¿Se refiere *La Biblia* a que su ciudad espacial (o ciudades) también se afectó por el cataclismo?

Como conclusión, podríamos, en base a los textos, afirmar que unos *elohim* de características humanas (en realidad los humanos son los que poseen características de ellos, ya que "están hechos a su imagen y semejanza" [Sendy, 1979]), crean (o manipulan genéticamente) al ser humano; y posteriormente, deciden realizar algún tipo de experimento, realizando una nueva manipulación (es el relato de la segunda creación), en alguna zona aparte, probablemente el lugar denominado paraíso, donde según los textos, "las mujeres parían sin dolor" y de donde tras ser expulsados, se les condena a parir con dolor y mayor número de veces (lo que indica que existía una reproducción asistida).[23] [Sendy, 1979]

Los textos sumerios, parecen relatar que se decide utilizar a los "hombres de cabeza negra" (los primitivos sumerios) como mano de obra. [Benito Vidal, 2003] [Leick, 2001] Dado que en el texto hebreo del *Génesis* se menciona que a los expulsados del Paraíso se les da unas "túnicas pellíceas" [Sendy, 1979] podríamos relacionar dicha circunstacia con el hecho de que la Tierra estuviese "semi-congelada" y por tanto, dichos expulsados, semejantes a los *elohim*, podrían ser los antiguos *anunnaki*. Aunque existe un elemento que merece cierta consideración: el esclavo recibió el nombre de *Adamu*, que significa literalmente "el terrestre" [Zillmer, 2000] y que sería el origen del nombre bíblico Adán. [Zillmer, 2000] A este nuevo esclavo, también le denominaron *lulu* ("el que ha sido mezclado") siendo el nombre *lu* utilizado en sumerio para designar a un trabajador o un servidor. [Benito Vidal, 2003] [Leick, 2001] [Zillmer, 2000]

Algo similar lo encontramos en el *Popol Vuh*, el Libro del Consejo de los indios quichés, de la gran familia maya, donde se dice: "Y los Maestros Gigantes hablaron, así como los Dominadores, los Poderosos del Cielo: Es tiempo de concentrarse de nuevo sobre los signos de nuestro hombre construido, de nuestro hombre formado, como nuestro sostén, nuestro nutridor, nuestro invocador, nuestro

---

[23] El texto correctamente traducido de *La Biblia* menciona "multiplicaré los dolores y tus preñeces". [Sendy, 1979] [Voltaire, 1920 b]

conmemorador. Haced pues que seamos invocados, que seamos adorados, que seamos conmemorados, por el hombre construido, el hombre formado, el hombre maniquí, el hombre moldeado." [Faber-Kaiser, 1991]

No deja de ser curioso que *lu*, según *The Pennsylvania Sumerian Dictionary* corresponde a la expresión "un pez". [The Pennsylvania Sumerian Dictionary, 2006] Pero lo más curioso es que el signo cuneiforme *ti*, también representa en sumerio "un pez" (y "costilla"). [The Pennsylvania Sumerian Dictionary, 2006]

En hebreo *Adamah* simboliza el suelo terrestre por lo que el *adam* representaría a los que habitan la Tierra, pero en la superficie de la Tierra (es decir, el suelo). Siendo por tanto bípedos. El apelativo *Adam* parece ya fácil de definir ya que "nacido de la tierra", "sacado de la tierra", etc. Puede relacionarse con las tareas a que se debían someter, que básicamente pasaban por trabajar la tierra (bien en forma de minería, bien en forma de agricultura). [Torrent, 2008]

Sin embargo, si relacionamos todas las acepciones del signo cuneiforme *ti* y la expresión *lu*, podríamos especular con la posibilidad de que los textos hebreos y sumerios estuviesen vinculando de algún modo, a dichos esclavos con la necesidad de realizar trabajos submarinos y que por tanto, se tratase de proporcionar a los primitivos habitantes de Sumeria los conocimientos necesarios para realizar tareas submarinas, lo cual incluiría trajes de buceo, etc.

El rabino Eleazar afirmaba que la "túnica pellícea" era en realidad "piel de serpiente". [Voltaire, 1920 b] Dadas las semejanzas entre "piel de serpiente" y "piel de pez" ya establecidas, [Temple, 1998] todo parece apuntar hacia el mismo sentido. El motivo de usar trajes de buceo, parece encontrarse en los textos sumerios, ya que se menciona un tipo de barco que utilizaban los dioses y al que llamaban *elippu tebiti* ("barco hundido"). [Sitchin, 2002] Dicho barco se utilizaba, posiblemente, para extraer minerales, principalmente oro, del fondo del mar. [Sitchin, 2002] Conociendo la antigua interpretación de la asociación de Enki con las aguas, algunos autores plantean la posibilidad de que esperaban, en un primer momento, obtener sus minerales del mar. [Sitchin, 2002] Cosa que al parecer no consiguieron y tuvieron que extraerlo de minas subterráneas. [Sitchin, 2002] Siendo el motivo de la rebelión de los *anunnaki*. [Sitchin, 2002] Sin embargo, dado que el *lulu* es sacado de *adam*, parece más razonable creer que fue al contrario, y que primero intentaron explotar minas subterráneas, y que tras la rebelión, se pensó en extraer los minerales del fondo marino. E incluso, teniendo en cuenta la posesión de un conocimiento tecnológico superior, cabría la posibilidad de una manipulación genética con el fin de crear una raza anfibia ("el que ha sido mezclado") adaptada a los trabajos submarinos. Ello explicaría el porqué existen algunos rasgos comunes entre anfibios y humanos que no aparecen en otros primates y de igual modo, también explicaría las extrañas historias de "hombres-pez" (Liérganes, pesce Cola, etc.) y los relatos de sirenas.

<u>Referencias bibliográficas:</u>

- Alexander TD. *Genesis 11:10-26 Study Note*. En: *ESV Studybible*. Ed. Crossway Bibles. 2008-pp 70.
- Aziz P. *Los secretos de los templos Incas, Aztecas y Mayas*. 3 Volúmenes. Genève. Ed. Ferni y Círculo de Amigos de la Historia; 1978
- Barceló E. *Las pirámides de Egipto*. Ed. Edimat Libros; 2002
- Barclay D. *Extraterrestres. La respuesta definitiva sobre los ovnis*. Barcelona. Ed. Timun Mas; 1999
- Benito Vidal R. *Historias mágicas de los dioses sumerios*. 2003. Madrid. Ed. Edimat Libros
- Black J, Green A. *Gods, Demons and Symbols of Ancient Mesopotamia: An Illustrated Dictionary*. Ed. University of Texas Press; 1992
- Bou J. *El período presumerio, o los reyes antidiluvianos*. Absolum.org. Disponible en: http://www.absolum.org/antrhis_presume.htm [consultada abril de 2010]
- Boulay RA. *Flying Serpents and Dragons: The Story of Mankind's Reptilian Past*. Ed. Book Tree; 1999
- Brodrick M, Morton AA. *Diccionario de arqueología egipcia*. Ed. Edimat Libros; 2003
- Cabrera Darquea J. *El Mensaje de las piedras grabadas de Ica*. Ed Inti Sol; 1976
- Calderón Núñez G. *Los textos de Ugarit en la Biblia*. Veritas. 2009; (7) 20: 55-72
- Campbell R. *La cultura de la Isla de Pascua: mito y realidad*. Ed. Andres Bello; 1987
- Casciaro JM (revisor). *La santa Biblia*. Madrid. 11ª edición. Ed. Ediciones Paulinas; 1979
- Cox DW. Chestek JH. *El asteroide del fin del mundo*. Barcelona. Ed. Timun Mas; 1998
- Danyans E. *Una astronave, reproducida en una losa sepulcral maya de hace diez mil años*. Diario ABC (Madrid). 10/01/1969 (edición matinal)
- Enciclopedia Católica. *Antediluvianos*. Ed. Kevin Knight (Online Edition); 1999. Disponible en: http://ec.aciprensa.com
- Faber-Kaiser A. *Ovnis en la antigüedad*. 1991. Disponible en: http://andreas.faber.cat

- Fiebag P, Gruber E, Holbe R. *Enigma-Die Grossen Rätsel unserer Welt* (6 tomos). 2002. Múnich. Ed. Wissen Media Verlag

- Freke T, Gandy P. *Los Misterios de Jesús*. Barcelona. Ed. Círculo de Lectores; 2004

- Gasull Vilella MJ, Sanahuja Yll ME. *La obsidiana: fuente del poderío de Catal Huyuk*. Mem. Hist. Antig. 1980;4: 7-11

- Goldáraz Gaínza JJ. *Afinación y temperamentos históricos*. Ed. Alianza Editorial; 2004

- Graves R. *Los mitos griegos Vol II*. 1988. Ed. Alianza

- Grout, DJ. Burkholder JP, Palisca CV. *A History of Western Music*. New York. Ed. Norton & Company; 2010.

- Hayflick L, Moorhead PS. *The serial cultivation of human diploid cell strains*. Experimental Cell Research. 1961; 25: 585-621.

- Hayflick L. *The future of ageing*. Nature. 2000; 408: 267-269.

- Hayflick L. *The limited in vitro lifetime of human diploid cell strains*. Experimental Cell Research. 1965; 37: 614-636.

- Heiser M. *The Meaning of the Word Nephilim: Fact vs. Fantasy*. Disponible en: http://www.michaelsheiser.com/ [consultada febrero 2010]

- Howard-Carter Th. *Dilmun: At Sea or Not at Sea? A Review Article*. Journal of Cuneiform Studies. 1987; (39):1: 54-117.

- Hundt, F. *Origins in Acoustics*. Woodbury. Ed. Acoustical Society of America; 1978.

- IBSS (Institute For Biblical & Scientific Studies). *The Bible: Bible History*. 2008. Disponible en: http://www.bibleandscience.com

- Jastrow M. *The Religion of Babylonia and Assyria*. 1893. Disponible en: http://www.gutenberg.org

- Jones SC. *The Toba supervolcanic eruption: Tephra-fall deposits in India and paleoanthropological implications*. En: Petraglia MD, Allchin B (eds). *The evolution and history of human populations in South Asia*, pp. 173–200. New York. Ed. Springer/Kluwer Academic Publishers; 2007

- Kelletat DH. *Atlas of Coastal Geomorphology and Zonality*. Journal of Coastal Research. 1995; Special issue 13(1): 286 pp.

- King LW. *The Seven Tablets of Creation*. 1902. Disponible en: http://www.sacred-texts.com

- Kokot RR. *Erosión en la costa patagónica por cambio climático*. Rev. Asoc. Geol. Argent. 2004;59(4):715-726. Disponible en: http://www.scielo.org.ar

- Kramer SN. *La historia empieza en Sumer*. Ed. Orbis; 1985

- Langbein W-J. *Das Sphinx Syndrom. Die Rückkehr der Astronautengötter. Eine neue Schöpfung hat begonnen*. Múnich. Ed. Langen Müller; 1995.

- Leick G. *Mesopotamia: The invention of the city*. Londres. Ed. Allen Lane; 2001

- Lendering J. *Etemenanki*. Disponible en: http://www.livius.org [consultada febrero 2010]

- López-Peláez Casellas MP. *Extrañas interpretaciones de las sirenas en la iconografía renacentista y barroca. Un estudio desde la emblemática*. De Arte. 2007;(6): 139-150

- Marcos Casquero MA. *Ecos de arcaicas cosmogonías acuáticas en el ocaso del mundo medieval*. Ilu. Revista de Ciencias de las Religiones. 2008;13: 91-118

- Martínez M. *Las Islas de los Bienaventurados: Historia de un mito en la literatura griega arcaica y clásica*. Cuadernos de filología clásica: Estudios griegos e indoeuropeos. 1999; nº9: 243-279

- Martínez T. *Tras las huellas del pasado imposible*. Ed. Ediciones Nowtilus; 2003

- Mazière F. *Fantástica isla de Pascua*. Barcelona. Ed. Plaza & Janes; 1973

- Merejkovsky D. *Atlántida Europa. El misterio de las dos humanidades*. Ed. Círculo Latino; 2005

- Miquel Calatayud J. *Estudios de la NASA sobre los efectos biomédicos del vuelo espacial*. 2004. Disponible en: http://campus.usal.es

- Orta de Lys S. *Los Atlantes: Âdityas y Sâdhus*. 2006. Disponible en http://www.tartessos.info

- Paine TO. *Manned exploration of the solar system*. Acta Astronautica. 1990;22: 277-279 (referencia b)

- Paine TO. *The next 40 years in space*. Acta Astronautica. 1990; 22: 1-16 (referencia a)
- Pfeiffer ChF. *Comentario bíblico Moody Antiguo Testamento*. Ed. Portavoz; 1993
- Ribero Meneses JM. *Descubierta estatua de Poseidón en Santander*. 2006. Disponible en: http://www.tartessos.info
- Ribero Meneses JM. *Los diez "duques" cántabros*. Diario Alerta. Domingo 3/01/1999, p-44
- Robbins V. *Los textos bíblicos*. Madrid. Ed. Edimat Libros; 2003
- Rodríguez de Miñón A. *Cronología de nuestro mundo*. 2010. Disponible en: http://www.diomedes.com
- Rodríguez López MI. *El poder del mar: El "thíasos marino"*. Espacio, Tiempo y Forma, Serie II, Historia Antigua, t. 11, 1998, págs. 159-184. Referencia b
- Rodríguez López MI. *Las sirenas: génesis y evolución de su iconografía medieval*. Revista de arqueología. 1998;19 (211): 42-51 Referencia a
- Rodríguez López MI. *Mar y Mitología en las culturas Mediterráneas*. Madrid. Ed. Alderaban Ediciones; 1999
- Rohl D. *Legends: The Genesis of Civilization*. Londres. Ed. Century; 1998
- Rohl D. *The Lost Testament*. Londres. Ed. Century; 2002
- Sánchez Rodríguez A. *Astronomía y Matemáticas en el Antiguo Egipto*. Ed. Aldebarán; 2000
- Sánchez Rodríguez A. *El Cuento del Náufrago*. Ed. Ediciones ASADE (Asociación Andaluza de Egiptología); 2006
- Sendy J. *Dioses extraterrestres*. Barcelona. Ed. Daimon; 1979
- Serrano E, Gutiérrez A. *Las huellas de la última glaciación: el relieve glaciar y el hombre en Campoo*. Cuadernos de Campoo. 2000; 20: 4-14.
- Shaw I. *The Oxford History of Ancient Egypt*. Ed. Oxford University Press; 2000.
- Sissa G, Detienne M. *La vida cotidiana de los dioses griegos*. Ed. Ediciones Temas de Hoy; 1994
- Sitchin Z. *El doceavo Planeta*. Barcelona. Ed. Obelisco; 2002
- Temple R. *El misterio de Sirio. Nuevas pruebas científicas de contactos con extraterrestres hace 5.000 años*. Ed Timun Mas; 1998

- The Pennsylvania Sumerian Dictionary. 2006. Disponible en: http://psd.museum.upenn.edu/epsd/index.html
- Torrent FJ. *El legado hermético de la antigüedad.* Ed. Bubok Publishing; 2008
- Trigueros-Muñoz MB. *PaRaShàH BeRëShíῙ.* Comunidad Sefaradí Essenia Natzarení de El Šālvador. 2007. Disponible en: http://csefarad.ancient-hebrew.org/. (consultada 25 junio 2010)
- Vallejo JJ. *Los secretos del antiguo Egipto.* Ed. Ediciones Nowtilus; 2002
- Voltaire (Arquet FM). *Adán.* En: *Diccionario Filosófico.* Valencia. Ed. Sociedad Editorial Prometeo; 1920.
- Voltaire (Arquet FM). *Génesis.* En: *Diccionario Filosófico.* Valencia. Ed. Sociedad Editorial Prometeo; 1920.
- von Fange EA. *Spading up ancient words.* 1984. Disponible en: http://www.creationism.org
- Weber G. *Toba Volcano.* 2007. Disponible en: http://www.andaman.org
- Whitehouse D. *When humans faced extinction.* BBC News Online science editor. 09/06/2003. Disponible en: http://news.bbc.co.uk/2/hi/science/nature/2975862.stm
- Zerzan J. *Futuro primitivo y otros ensayos.* Valencia. Ed. Numa Ediciones; 2001
- Zillmer H-J. *Darwin se equivocó.* Ed. Timun Mas; 2000

La tradición sumeria y sus textos, nos cuentan como los *nefilim* (*nephilim*), urbanizaron dicha zona y principalmente, menciona dos personajes; Enki y Enlil. [Benito Vidal, 2003] En otros textos a estos personajes los denominan *anunnaki*. [Benito Vidal, 2003] y los cifran entre 50 [Temple, 1998] y 600 [Black y Green, 1992] [Sitchin, 2002], e incluso se menciona una rebelión por motivos laborales, y como consecuencia, se decide utilizar a los *lulu*, "hombres de cabeza negra" (los sumerios) como mano de obra.[24] [Benito Vidal, 2003] [Leick, 2001] En ocasiones se diferencia a los *igigi* de los *anunnaki*;[25] siendo los *igigi* menos importantes para los caldeos y sin embargo, para los sumerios estaban asociados al lugar del consejo supremo de los dioses de las áreas celestiales. [Colaboradores Wikipedia, 2010] Lo que ha sido interpretado como que su única misión era pilotar las naves espaciales [Sitchin, 2002] y por tanto, no eran tan importantes para los habitantes de Sumeria ya que como consecuencia de ello, "no se preocupaban por la gente". [Sitchin, 2002] Otros mencionan que eran simples obreros al servicio de los *anunnaki* y que fueron ellos los que se rebelaron, convirtiéndose en "demonios". [Colaboradores Wikipedia, 2010]

---

[24] La función de Enki, parece ser por tanto, que se limitó a proporcionar mano de obra para dicha tarea.

[25] En total se han descrito 300 *Igigi* y 600 *Anunnaki*. [Black y Green, 1992] Aunque inicialmente serían únicamente 10 *Igigi* (los dioses más importantes) [Black y Green, 1992] y posteriormente, se denominaron de ese modo a los dioses que vivían en el cielo (¿una ciudad espacial?) para diferenciarlos de los que vivían en túneles subterráneos (*Anunnaki*). [Black y Green, 1992]

El término *nephilim* no está muy claro, pero parece significar "caídos", "arrojados" o "derribados." [Heiser, 2010] Aunque según algunos autores significa literalmente: "Aquéllos que bajaron de los cielos a la tierra". [Sitchin, 2002] Tanto en la religión sumeria como en la hebrea se hace mención de ellos. [Merejkovsky, 2005]. En la *Torah* el término se emplea para designar a unos individuos cuyos descendientes habitaban Filistea (despúes del Diluvio) y se relaciona con los *anakim* ("descendientes de Anak") [Sitchin, 2002] De hecho, los términos *anakim* y *nephilim* aparecen como sinónimos en diversos pasajes bíblicos [Sitchin, 2002] Otros autores han creído ver en el término *elohim* ("dioses" o "los poderosos") usado en la *Torah* una relación con estos términos (y personajes).[26] [Sendy, 1979]

Debido a que Anak era un gigante, se afirma que los *anakim* eran gigantes, [Sitchin, 2002] que habitaban Transjordania. [Casciaro, 1979] [Pfeiffer, 1993] Sin embargo, no es necesario precisar que ni todos los *nephilim* fueron gigantes, y de igual modo, no todos los descendientes de Anak (*anakim*) lo serían. [Sitchin, 2002]

Algunos han sugerido que las murallas de Transjordania (de 15 metros) [Pfeiffer, 1993] o los monumentos megalíticos encontrados

---

[26] No debemos olvidar que los textos bíblicos de la *Torah*, son adaptaciones de la literatura y teología escrita en cuneiforme de la ciudad estado de Ugarit sobre el 1.200 aC [Calderón Nuñez, 2009] Dicha ciudad de la costa norte de Siria, estaba habitada, al igual que Ur y Eridú, ya en el 6.000 aC y su influencia en la religión hebrea, cananea y filistea es innegable [Calderón Nuñez, 2009]. De igual modo, la influencia sumeria sobre Ugarit (a través de Sargón de Akkad) parece clara, al igual que de Egipto y Hatti. [Mederos Martín, 2005] [Marcos Casquero, 2008]

[Casciaro, 1979] dieron pie a dicha leyenda. Sin embargo, las medidas del lecho del rey Og, dan testimonio de una raza de gigantes antigua que fueron denominados en época de los patriarcas *rephaim* ("gigantes") [Pfeiffer, 1993] Los zamzumitas, enaquitas (descendientes de Enac = Anak), zuzimitas, y refaitas (de *rephaim*) representaban los restos de la población prehistórica de Palestina y Transjordania [Casciaro, 1979] y los israelitas los consideraban una raza superior. [Casciaro, 1979] La familia de Goliat en Gat pudo descender de dicha raza [Pfeiffer, 1993] ya que en *Josué* (11:12) se menciona que los enaquitas (*anakim*) permanecieron en tres ciudades filisteas: Gaza, Gat y Asdod [Pfeiffer, 1993] tras exterminarlos de la montaña de Hebrón, de Davir, de Anab, de toda la montaña de Judá y de toda la montaña de Israel [Casciaro, 1979] y en otros textos bíblicos se menciona que estos gigantes filisteos reciben el nombre de *Rāpā*. [Pfeiffer, 1993]

R. Graves menciona que existió una raza de gigantes (de los cuales descienden los watusis hamíticos que viven en el África Ecuatorial) que floreció en la Europa neolítica y sus esqueletos de dos metros de longitud se han encontrado incluso a veces en Gran Bretaña. [Graves, 1988] Por lo que asegura que los *anakim* de Palestina y Caria pertenecían a esta raza. [Graves, 1988]

En algunos textos de Ugarit se menciona que los *rephaim* no eran "sombras de los muertos" sino "poderosos personajes" venidos del Norte, de la zona donde trabajaban el hierro. [Pfeiffer, 1993] A dichos personajes los denominan *Ilnym* en ugarítico y *elîm* en hebreo [Pfeiffer, 1993] por lo que son claramente asociados a los *elohim* que menciona el *Génesis* que también aparecen en el *Libro de Enoch*.

En dicho texto, se menciona claramente como 200 "hijos de los dioses" (*ben-elohim*) se mezclaron con "las hijas de los hombres", en Ardis, la cima del monte Hermón. [Merejkovsky, 2005] Lo cual coincide con el relato del *Génesis* (6:1-4). [Casciaro, 1979] Según ambos relatos, la raza de gigantes sería el fruto de dicha unión [Casciaro, 1979] [Merejkovsky, 2005] y dichos sucesos acaecieron antes del denominado "Diluvio".

Esto parece tener una correlación con el texto atribuido a Burmeister el cual aseguraba que en la época de Platón, únicamente los sacerdotes egipcios conocían la existencia de una raza de gigantes que habitó el delta del Nilo antes del Diluvio. [Orta de Lys, 2006]

Es evidente que la raza de gigantes mencionada en los textos hebreos guarda relación con Enki, Enlil y otros seres, de posible aspecto anfibio, mencionados en los textos sumerios. De igual modo, dichos seres muestran semejanzas con los primitivos dioses egipcios y griegos.

Según los textos sumerios, el primer asentamiento en dicha zona se produjo al sudoeste de las marismas y fue llamado Eridú ("casa construida en la lejanía") aunque también se denominó a este sitio Tierra 1, ya que desde él partían las primeras misiones de reconocimiento.[Benito Vidal, 2003] Curiosamente, la arqueología ha demostrado dicha circunstancia, atribuyendo a Eridú una antigüedad de más de 6.000 años (se han datado niveles de excavación en torno al 4.900 aC, a principios del período de El Obeid). [Leick, 2001]

Sin embargo, cabe una objeción: si antes hemos establecido que su llegada debió producirse antes del año 8.300 aC, ¿Cómo que ahora decimos que se construyó Eridú hace "solo" unos 7.000 años?

Algunos autores establecen que en realidad, fue reconstruida después del Diluvio en el sitio exacto donde estuvo el original asentamiento de Ea/Enki en la Tierra. [Sitchin, 2002]

¿Cuál fue el motivo de ocupar los mismos asentamientos? Al parecer debió ser el uso de dicha zona como reingreso de sus naves espaciales; ya que sabemos que en el reingreso son importantes la forma del objeto, la masa del objeto, el ángulo de entrada, la aceleración de la nave, etc. [Wikipedia contributors, 2010] [Day, 2010] y que el corredor de entrada es un estrecho pasillo, centrado en un ángulo de incidencia de 6,2° (con un margen de sólo 0,7°), necesario para acceder a la atmósfera terrestre sin riesgo para la seguridad de la nave y de sus tripulantes. [27] [Colaboradores de Wikipedia, 2010 b] Sólo podemos suponer que dicha zona presentaba las características ideales

---

[27] Si el ángulo es inferior, la nave rebotará en las capas altas de la atmósfera y se podría perder para siempre. Y si por el contrario es superior, el vehículo espacial se volatilizaría debido al calor generado en la fricción. [Colaboradores de Wikipedia, 2010 b]

como corredor de entrada (ver figura 19) para el reingreso con esas
naves y que por ello, se eligió nuevamente dicha zona.

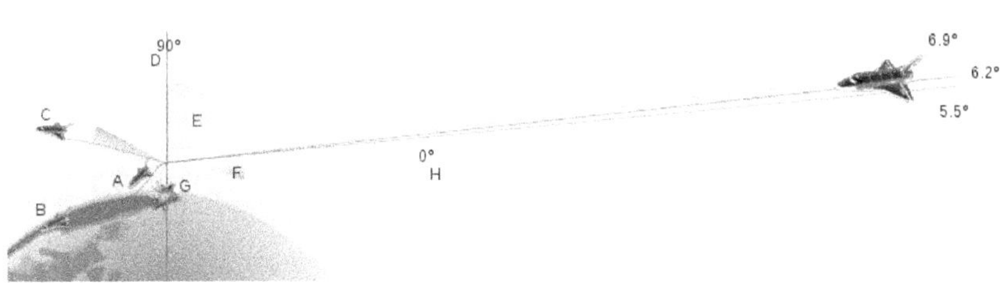

Figura 19. Esquema de reingreso a tierra de una nave espacial:
A) Fricción con atmósfera
B) En vuelo aéreo
C) Expulsión por ángulo inferior
D) Perpendicular al punto de ingreso
E) Exceso de fricción de 6.9° a 90°
F) Repulsión de 5.5° o menor
G) Explosión por fricción
H) Plano tangencial al punto de ingreso.

Si examinamos los textos, veremos como en efecto, parecen apoyar
dicha hipótesis:

Los textos mencionan que en Eridu (Tierra 1), se instaló Enki, que fue
conocido como el señor del abismo acuoso.[28] Más adelante junto con
dos asentamientos más (Larsa y Sippar), formaron una línea recta, que

---

[28] No deja de ser curioso que a Enki se le llamase señor de la tierra del
cañaveral y que precisamente, sea dicho nombre (Cabo Cañaveral), el que
designe el principal centro de las actividades espaciales de los Estados
Unidos. El cual pese a los intentos de cambiarlo (Cabo Kennedy), mantiene
el nombre con el que fue inagurado hace más de 50 años.

determinaba el límite sur del campo reservado a la trayectoria de vuelo para las salidas y llegadas del espacio, otra línea (la que delimitaba el límite norte), estaba formada por Sippar y Lagash. En la bisectriz de Lagash y Larsa, equidistantes 6°, se erigía Bad-Tiriba, formando un ángulo de 12° cuyo vértice era Sippar y lo determinaban Shurupack y Nippur, donde estaba situado el *Dur-an-ki* (vínculo cielo-tierra), ya que ésta era la ciudad de Enlil (señor del espacio aéreo). Sippar era el verdadero cosmódromo y estaba situado entre el Éufrates, la altiplanicie Zagros y el Tigris. Las demás estaciones eran puntos de referencia; Larsa significa "viendo al luz roja"; Larak "viendo el halo resplandeciente" y Lagash "viendo el halo a seis". De acuerdo con estos textos, estos seres ejecutaban movimientos de ascenso y descenso desde el cielo donde se hallaba una construcción luminosa "de los que mandaban", a la cual llegaban gracias a los *shem*. [Benito Vidal, 2003]

Dichos seres, descritos como poseedores de una tecnología avanzadísima, [Temple, 1998] [Sitchin, 2002] [Benito Vidal, 2003] encuentran cierta correspondencia con los relatos de otras civilizaciones:

Sobre Enki ya hemos mencionado algunas características; su posible aspecto anfibio e incluso su procedencia: el mar Rojo. Dicha procedencia se hace evidente si comparamos su definición "el señor de la tierra del cañaveral" con la forma de nombrar al mar Rojo por lo semitas: *yam suf* que podría ser interpretado como "mar de cañas" (probablemente las del delta del Nilo).[29] [Robbins, 2003]

Actualmente sabemos que los hebreos, pese al relato bíblico del *Éxodo*, no pudieron atravesar el mar Rojo andando (de un ancho entre 240 y 320 Km y con una profundidad de más de 2.000 metros) [Robbins, 2003]. Sin embargo sí es posible atravesar el delta del Nilo, donde el agua llega a las rodillas [Robbins, 2003] y que un fuerte viento podría incluso hacer que apareciera la "tierra seca bajo sus pies", tal y como relata el texto bíblico. [Robbins, 2003] ya que en una ocasión, el ejército de Napoleón realizó tal proeza (y casi se ahogan cuando subió la marea) atravesando el golfo de Suez. [Robbins, 2003] No en vano, el término *sufa*, del cual puede derivar *suf*, significa "viento tormentoso" y se asocia al relato bíblico [Hoffmeier, 2005] y recordemos que "Yahvé hizo soplar un fuerte viento de Oriente durante toda la noche que secó el mar" (Ex 14: 21-22) [Robbins, 2003]

Enlil, hermano de Enki y "señor del aire" o más exactamente "señor del espacio aéreo", [Benito Vidal, 2003] fue evidentemente un personaje de más categoría entre dichos seres; aunque desde el punto de vista de los habitantes de la zona ("hombres de cabeza negra"), probablemente no fuese así. [Benito Vidal, 2003]

---

[29] Tras el paso del "mar de cañas" relatado en el *Éxodo* (14:23-29 y 15:4-5), los hebreos denominaron a *yam suf* como el mar de la destrucción (de los egipcios) [Hoffmeier, 2005]

Los atributos de ambos seres, parecen calcados a los referidos a Zeus y Poseidón. Según la *Iliada* (canto XV) los tres hermanos hijos de Cronos y Rea (Poseidón, Hades y Zeus), se dividieron su "área de competencia" (*timē*) correspondiendo a Poseidón el mar, a Hades el reino de los muertos y a Zeus el cielo; siendo zona común la Tierra y el Olimpo. [Sissa y Detienne, 1994] También a Enki, cuando los dioses se repartieron los reinos, le correspondió el reino marino: "los mares le fueron dados a Enki, el príncipe de la Tierra". [Benito Vidal, 2003].

La relación entre Enki y Poseidón también se establece en la etimología de sus nombres, ya que *en-ki* significa "señor-tierra" [Benito Vidal, 2003] y Poseidón proviene de posis y da "señor" y "tierra" respectivamente. [30] [Rodríguez López, 1998 b]

Figura 20. El Carro de Poseidón, tirado por veloces caballo marinos (*hippokampoi*) al que siguen Tritón y Aphros. (Museo el Bardo, Túnez)

---

[30] De Poseidón hay constancia, que anteriormente al señor de los mares, fue un dios aqueo relacionado con los caballos. [Rodríguez López, 1998 b]

El que a ambos se les denomine "señor de la tierra", es algo bastante extraño, porque es evidente, que su aspecto anfibio los relaciona con el mar. Lo cual nos permite intuir que probablemente, el motivo de su aspecto anfibio, se deba precisamente a la consideración de Enki como constructor (de hecho era el "dios de los cimientos") y que su concepción como dios de las aguas fue una confusión debida a que los sumerios suponían que la tierra estaba asentada sobre el Océano. [Marcos Casquero, 2008]

Por lo tanto, en el caso de Poseidón, debió de ocurrir algo semejante y no en vano, es a quien se atribuye la construcción de la muralla de Troya [Graves, 1988] y de una de las civilizaciones míticas más avanzadas de la antigüedad: la Atlántida. [Graves, 1988] [Fornieles Medina, 2009]

Por otro lado, siempre ha sido un misterio el hecho de que los griegos asociaran al caballo con el dios de las aguas. De hecho, hasta la fecha ningún especialista en antiguos mitos había encontrado ninguna relación lógica que permitiera explicar por qué un équido se convirtió en el animal por excelencia tributo y símbolo del dios de las aguas Poseidón (Neptuno según los romanos). [Díaz-Montexano, 2010] Los datos demuestran que debió haber sucedido bien en un pueblo que hablaba una antigua lengua proto-indoeuropea, o más tarde, en alguno de los pueblos con lenguajes o dialectos célticos, con bastante seguridad del extremo occidente de Europa, ya que no se han detectado palabras para denominar a los équidos y al agua o al mar, compartiendo la misma raíz, en ninguna de las lenguas indoeuropeas conocidas del Este de Europa. [Díaz-Montexano, 2010] Por lo que actualmente se sospecha que este culto de los caballos asociado al mar o a las aguas es de origen peninsular ibérico.[31] [Díaz-Montexano, 2010]

El motivo de crear la civilización atlante, no parece otro que el de establecer una "sociedad ideal", ya que así es como la relata Platón, de igual modo, las construcciones de canales y edificios, recuerdan a las descripciones de los textos sumerios sobre las obras de Enki. [Merejkovsky, 2005] Lo que establece una analogía clara entre ambas civilizaciones (y entre Enki y Poseidón).

La llegada a Sumeria de Enki y los *anunnaki*, parece clara; la construcción de un "vínculo cielo-tierra" o como lo mencionaron los sumerios *dur-an-ki* [Benito Vidal, 2003] para establecerlo posiblemente en Nippur, [Benito Vidal, 2003] o quizás en la propia Eridú. Es decir, crear una plataforma de despegue y aterrizaje de vehículos capaces de llegar a la supuesta estación espacial, o incluso, más allá. [Benito Vidal, 2003] Probablemente, la legendaria montaña Merú de los textos sánscritos y el inicio del relato bíblico de la Torre

---

[31] Lo cual, casi verifica que la existencia de la Atlántida no pudo ser Creta y debió situarse cerca de la península Ibérica, probablemente cerca de la civilización conocida como Tartessos. [Díaz-Montexano, 2003]

de Babel, describa dicha circunstancia.[32] [Sendy, 1979] Posteriormente el templo de Esagila, dedicado al dios Marduk y su torre denominada *Etemenanki* ("Fundación de los cielos en la tierra") de 92 metros, condicionó el resto de la descripción del relato bíblico.[33] [Lendering, 2010]

En base a lo expuesto, algunos autores denominan a dichos seres como "la civilización de *Shem*", siendo los *shem* la traducción de "naves cohetes". [Benito Vidal, 2003] [Sitchin, 2002]

Para los arameos, el término *Nephila* se refirió específicamente a la constelación de Orión, y así los *nephilim* son descendientes medio divinos de Orión. [Black y Rowley, 2001] Y no debemos olvidar que Orión se identificó con Osiris [Temple, 1998] Por lo que tanto los *nephilim* como los *Shemsu-heru* podrían ser los mismos personajes. Y dado que Osiris (Orión) fue representado como anfibio al igual que Isis (Sirio), [Temple, 1998] podríamos suponer que también lo fueron los *Shemsu-heru* y sus predecesores.

---

[32] Concretamente la mención: en su marcha desde el Oriente, hallaron los hombres una llanura en el país de Sennar y dijeron: "hagamos una torre cuya cúspide toque los cielos". [Sendy, 1979]

[33] Actualmente, se cree que dicho relato podría referirse a una construcción realizada en Eridú. [Rohl, 1999] [Rohl, 2002] Ya que está demostrado que la bíblica Babel no se refería exclusivamente a la ciudad de Babilonia, sino más bien, a toda su civilización. [Lendering, 2010]

<u>Referencias bibliográficas:</u>

- Aziz P. *Los secretos de los templos Incas, Aztecas y Mayas*. 3 Volúmenes. Genève. Ed. Ferni y Círculo de Amigos de la Historia; 1978
- Barclay D. *Extraterrestres. La respuesta definitiva sobre los ovnis*. Barcelona. Ed. Timun Mas; 1999
- Barceló E. *Las pirámides de Egipto*. Ed. Edimat Libros; 2002
- Benito Vidal R. *Historias mágicas de los dioses sumerios*. 2003. Madrid. Ed. Edimat Libros
- Black J, Green A. *Gods, Demons and Symbols of Ancient Mesopotamia: An Illustrated Dictionary*. Ed. University of Texas Press; 1992
- Bou J. *El período presumerio, o los reyes antidiluvianos*. Absolum.org. Disponible en: http://www.absolum.org/antrhis_presume.htm [consultada abril de 2010]
- Boulay RA. *Flying Serpents and Dragons: The Story of Mankind's Reptilian Past*. Ed. Book Tree; 1999
- Brodrick M, Morton AA. *Diccionario de arqueología egipcia*. Ed. Edimat Libros; 2003
- Burgio I. *"L'ira del dio del mare": lo tsunami provocato dall'Etna 8000 anni fa e la citta' sommersa di Atlit-Yam*. 2008. Disponible en: http://www.cataniacultura.com
- Cabrera Darquea J. *El Mensaje de las piedras grabadas de Ica*. Ed Inti Sol; 1976
- Calderón Núñez G. *Los textos de Ugarit en la Biblia*. Veritas. 2009; (7) 20: 55-72
- Casciaro JM (revisor). *La santa Biblia*. Madrid. 11ª edición. Ed. Ediciones Paulinas; 1979
- Colaboradores de Wikipedia. *Igigi* [en línea]. Wikipedia, La enciclopedia libre, 2010 [fecha de consulta: 18 de abril del 2010]. Disponible en http://es.wikipedia.org/w/index.php?title=Igigi&oldid=36223578
- Colaboradores de Wikipedia. *Ventana de reentrada*. Wikipedia, La enciclopedia libre. Disponible en: http://es.wikipedia.org/w/index.php?title=Ventana_de_reentrada&oldid=35542887 (consultado el 14 de junio de 2010) (referencia b)

- Cox DW. Chestek JH. *El asteroide del fin del mundo*. Barcelona. Ed. Timun Mas; 1998
- Day DA. *Advanced Reentry Vehicles.* U.S. Centennial of Flight Commemoration. Disponible en: http://www.centennialofflight.go (consultada en julio de 2010)
- De Cordier L (coordinador). *Labyrinth of Egypt*. En: *Mataha-expedition geophysic survey*. NRIAG (El Cairo). Ghent University (Bélgica); 2008. Disponible en: http://www.labyrinthofegypt.com
- Díaz-Montexano G. *El Nombre Egipcio de la Atlántida.* 2003: Disponible en: http://georgeos-diaz-montexano.blog.com.es/
- Díaz-Montexano G. *Poseidón y el caballo. Una antigua religión indoeuropea occidental*. 2010. Disponible en: http://www.tartessos.info
- Encyclopædia Britannica. *Lake Moeris.* 2010. Disponible en: http://www.britannica.com/EBchecked/topic/387468/Lake-Moeris [consultada el 20/2/2010] Referencia b
- Encyclopædia Britannica. *Shedet.* 2010. Disponible en: http://www.britannica.com/EBchecked/topic/539383/Shedet [consultada el 20/2/2010] Referencia c
- Faber-Kaiser A. *Ovnis en la antigüedad.* 1991. Disponible en: http://andreas.faber.cat
- Fornieles Medina MF. *De Troya a la Atlántida, pasando por Creta.* Temas para la Educación. 2009; n° 4
- Freke T, Gandy P. *Los Misterios de Jesús*. Barcelona. Ed. Círculo de Lectores; 2004
- Gasull Vilella MJ, Sanahuja Yll ME. *La obsidiana: fuente del poderío de Catal Huyuk*. Mem. Hist. Antig. 1980;4: 7-11
- Goldáraz Gaínza JJ. *Afinación y temperamentos históricos.* Ed. Alianza Editorial; 2004
- Graves R. *Los mitos griegos Vol II.* 1988. Ed. Alianza
- Grout, DJ. Burkholder JP, Palisca CV. *A History of Western Music.* New York. Ed. Norton & Company; 2010.
- Hayflick L, Moorhead PS. *The serial cultivation of human diploid cell strains.* Experimental Cell Research. 1961; 25: 585-621.
- Hayflick L. *The future of ageing.* Nature. 2000; 408: 267-269.

- Hayflick L. *The limited in vitro lifetime of human diploid cell strains.* Experimental Cell Research. 1965; 37: 614-636.
- Heiser M. *The Meaning of the Word Nephilim: Fact vs. Fantasy.* Disponible en: http://www.michaelsheiser.com/ [consultada febrero 2010]
- Hundt, F. *Origins in Acoustics.* Woodbury. Ed. Acoustical Society of America; 1978.
- Jastrow M. *The Religion of Babylonia and Assyria.* 1893. Disponible en: http://www.gutenberg.org
- King LW. *The Seven Tablets of Creation.* 1902. Disponible en: http://www.sacred-texts.com
- Kramer SN. *La historia empieza en Sumer.* Ed. Orbis; 1985
- Langbein W-J. *Das Sphinx Syndrom. Die Rückkehr der Astronautengötter. Eine neue Schöpfung hat begonnen.* Múnich. Ed. Langen Müller; 1995.
- Leick G. *Mesopotamia: The invention of the city.* Londres. Ed. Allen Lane; 2001
- Lendering J. *Etemenanki.* Disponible en: http://www.livius.org [consultada febrero 2010]
- López-Peláez Casellas MP. *Extrañas interpretaciones de las sirenas en la iconografía renacentista y barroca. Un estudio desde la emblemática.* De Arte. 2007;(6): 139-150
- Marcos Casquero MA. *Ecos de arcaicas cosmogonías acuáticas en el ocaso del mundo medieval.* Ilu. Revista de Ciencias de las Religiones. 2008;13: 91-118
- Martín Sáez D. *Pitágoras de Samos y la música como perfección. El universo explicado como armonía.* Sinfonía Virtual. 2007; n° 3 (abril). Disponible en: http://www.sinfoniavirtual.com
- Martínez M. *Las Islas de los Bienaventurados: Historia de un mito en la literatura griega arcaica y clásica.* Cuadernos de filología clásica: Estudios griegos e indoeuropeos. 1999; n°9: 243-279
- Martínez T. *Tras las huellas del pasado imposible.* Ed. Ediciones Nowtilus; 2003

- Mederos Martín A. *Las Puertas del Sol. Ugaríticos y chipriotas en el Mediterráneo central y occidental (1300-1185 a. C.).* Isimu. 2005; VII:51pp.
- Merejkovsky D. *Atlántida Europa. El misterio de las dos humanidades.* Ed. Círculo Latino; 2005
- Miyara F. *La música de las esferas: de Pitágoras a Xenakis... Y más acá.* Revista on-line de Estudios Musicales. 2007; I Época, nº 8 (octubre). Disponible en: http://www.sulponticello.com
- Orta de Lys S. *Los Atlantes: Âdityas y Sâdhus.* 2006. Disponible en http://www.tartessos.info
- Paine TO. *The next 40 years in space.* Acta Astronautica. 1990; 22: 1-16 (referencia a)
- Paine TO. *Manned exploration of the solar system.* Acta Astronautica. 1990;22: 277-279 (referencia b)
- Pfeiffer ChF. *Comentario bíblico Moody Antiguo Testamento.* Ed. Portavoz; 1993
- Ribero Meneses JM. *Descubierta estatua de Poseidón en Santander.* 2006. Disponible en: http://www.tartessos.info
- Robbins V. *Los textos bíblicos.* Madrid. Ed. Edimat Libros; 2003
- Rodríguez de Miñón A. *Cronología de nuestro mundo.* 2010. Disponible en: http://www.diomedes.com
- Rodríguez López MI. *El poder del mar: El "thíasos marino".* Espacio, Tiempo y Forma, Serie II, Historia Antigua, t. 11, 1998, págs. 159-184. Referencia b
- Rodríguez López MI. *Las sirenas: génesis y evolución de su iconografía medieval.* Revista de arqueología. 1998;19 (211): 42-51 Referencia a
- Rodríguez López MI. *Mar y Mitología en las culturas Mediterráneas.* Madrid. Ed. Alderaban Ediciones; 1999
- Rohl D. *Legends: The Genesis of Civilization.* Londres. Ed. Century; 1998
- Rohl D. *The Lost Testament.* Londres. Ed. Century; 2002
- Sánchez Rodríguez A. *Astronomía y Matemáticas en el Antiguo Egipto.* Ed. Aldebarán; 2000
- Sánchez Rodríguez A. *El Cuento del Náufrago.* Ed. Ediciones ASADE (Asociación Andaluza de Egiptología); 2006

- Sendy J. *Dioses extraterrestres*. Barcelona. Ed. Daimon; 1979
- Shaw I. *The Oxford History of Ancient Egypt*. Ed. Oxford University Press; 2000.
- Sissa G, Detienne M. *La vida cotidiana de los dioses griegos*. Ed. Ediciones Temas de Hoy; 1994
- Sitchin Z. *El doceavo Planeta*. Barcelona. Ed. Obelisco; 2002
- Temple R. *El misterio de Sirio. Nuevas pruebas científicas de contactos con extraterrestres hace 5.000 años*. Ed Timun Mas; 1998
- Temple R. *El misterio de Sirio. Nuevas pruebas científicas de contactos con extraterrestres hace 5.000 años*. Ed Timun Mas; 1998
- The Pennsylvania Sumerian Dictionary. 2006. Disponible en: http://psd.museum.upenn.edu/epsd/index.html
- Vallejo JJ. *Los secretos del antiguo Egipto*. Ed. Ediciones Nowtilus; 2002
- Voltaire (Arquet FM). *Adán*. En: *Diccionario Filosófico*. Valencia. Ed. Sociedad Editorial Prometeo; 1920.
- Weber G. *Toba Volcano*. 2007. Disponible en: http://www.andaman.org
- Whitehouse D. *When humans faced extinction*. BBC News Online science editor. 09/06/2003. Disponible en: http://news.bbc.co.uk/2/hi/science/nature/2975862.stm
- Wikipedia contributors. *Atmospheric reentry*. Wikipedia, The Free Encyclopedia. Disponible en: http://en.wikipedia.org/w/index.php?title=Atmospheric_reentry&oldid=372155581 (consultada el 1 de Julio de 2010)
- Zerzan J. *Futuro primitivo y otros ensayos*. Valencia. Ed. Numa Ediciones; 2001
- Zillmer H-J. *Darwin se equivocó*. Ed. Timun Mas; 2000.

Hasta el momento, podemos concluir que lo que parece es que hay constancia de unos seres anfibios que habían aparecido en Sumeria y probablemente en Egipto, más o menos, por el mismo periodo (3500 aC). Junto al hecho que parece existir una relación entre seres anfibios (sirenas) y viajes al más allá (alma). ¿Pueden estar relacionadas ambas cuestiones?

Ya que el término bíblico *nephilim* podría venir del arameo *nephila* (literalmente la constelación de Orión), podría ser traducido como "descendientes de Orión" y estaría relacionado con los *anakim* (siendo por tanto Orión y Anak sinónimos). [Black y Rowley, 1962]

Algunos sitúan el origen de la posible civilización extraterrestre de estos seres anfibios, precisamente en Orión, por lo tanto el planeta (o gran nave) Nibiru pertenecía a Orión. [Sitchin, 2002] Si pensamos que dicha constelación se encuentra a una distancia de 1.500 años luz de la Tierra ¿es probable que fuésemos visitados por una civilización procedente de dicha zona?

Desde hace ya algún tiempo, Robert Bauval ha mostrado una relación entre la constelación de Orión y las pirámides de la meseta de Gizeh. [Temple, 1998] [Fiebag et al., 2002] Pero lo curioso es que dicha correlación corresponde con el año 10.500 aC. [Fiebag et al., 2002] [Castillos, 2006] Dicho descubrimiento podría representar algo que ocurrió en esas fechas y en esa constelación para que fuese importante. Tal vez, fuese el inicio de un viaje que comenzó en la fecha (terrestre) del 10.500 aC y los primeros en llegar (unos 300), preparasen el terreno (en Sumeria) para establecerse y recibir a los demás.

Por lo tanto, dado que no parece probable que dichas pirámides se construyeran en esa época, [Temple, 1998] [Esteban y Rodríguez Hidalgo, 2002] [de la Torre Suárez, 2010] y estando demostrado que los monumentos de Gizeh en su conjunto tienen un marco cronológico que se ubica firmemente en la Cuarta Dinastía y no antes.[34] [Castillos, 2006] deberían haber sido los egipcios de la IV Dinastía quienes dejasen constancia de dicho evento.

Sin embargo, pese a que sabemos que los egipcios aplicaban sus conocimientos astronómicos en la construcción de sus edificios, [de Toro Llaca, 1999] y que dicha correlación parece razonable en términos científicos, [Esteban y Rodríguez Hidalgo, 2002] no ha sido aceptada entre los expertos en egiptología, ni por astrónomos. [Esteban y Rodríguez Hidalgo, 2002] [Castillos, 2006] Por lo tanto, todo parece indicar que dicha correlación no fuese cierta ya que ningún texto de la época faraónica menciona tal correspondencia. Además la relación entre esas estrellas y las pirámides está invertida (como si los egipcios hubieran usado un espejo para ver esas estrellas), y resulta extraño que los egipcios no hubiesen construido

---

[34] Las conclusiones de estudios geológicos de la erosión de la esfinge (2006) han concluido que la atribución de la esfinge a la Dinastía IV es la interpretación más correcta. [Castillos, 2006]

ningún monumento que se corresponda con las dos estrellas más brillantes de esa constelación (Rigel y Betelgeuse). [Castillos, 2006] Otros ratifican a Bauval y afirman que de acuerdo a la noción del mundo que tenían los antiguos egipcios y otros pueblos de la antigüedad, lo correcto es invertir el norte por el sur; y además, añaden que aún quedarían por descubrir en el Valle del Nilo las pirámides de otras estrellas. [Ares, 1998]

Sabemos que en América, sí que se ha relacionado a las pirámides mayas con una constelación: Las Pléyades. [Scott, 2002] De hecho, los mayas atribuían el inicio de su civilización en dicha zona. [Colaboradores de Wikipedia, 2010] Las Pléyades se encuentran a más de 400 años luz de la Tierra; lo que no ha impedido que algunos autores sostengan que llegaron seres de dicha constelación para civilizar la Tierra, [Cabrera, 1976] ya que según la mitología preincaica, los dioses descendieron de dicha constelación. [Faber-Kaiser, 1971]

De igual modo, el cinturón de Orión, ya ha sido asociado a pinturas rupestres, de una antigüedad superior a las pirámides, donde se aprecia a cazadoras desplazándose a zancadas (la cazadora de Damaraland, la cazadora principal de la Cueva del Tío Garroso, etc.), donde se refleja tanto la situación estelar de forma explícita como la representación simbólica (llevan un cinturón y el perímetro de la cazadora dibuja un pentágono unido a un trapecio imitando la configuración de dicha constelación). [Martín Cano, 2001]

Otros autores han afirmado que dichos seres procedían de Sirio [Temple, 1998] ya que no hay que olvidar que también encontramos una relación entre los seres anfibios y Sirio en otras culturas, como por ejemplo los dogon. [Temple, 1998] Y dado el parentesco "divino" atribuido a las familias reales egipcias, no resulta extraño que los egipcios opinasen lo mismo, ya que pensaran que al morir su alma iría a Sirio, ya que creerían que allí se encontraba su morada más elevada. Es decir, sus orígenes (Sirio se encuentra a unos 8,5 años luz de la Tierra). [Temple, 1998] No debemos olvidar que de igual modo que Orión representa a Osiris, Sirio fue la representación de Isis. [Temple, 1998] Teniendo en cuenta que el eje sur de las cámaras del rey y de la reina en la Gran Pirámide apuntan hacia Orión y Sirio, respectivamente; [Temple, 1998] implican una relación que se vuelve evidente al vincularse con Osiris e Isis (respectivamente). [Temple, 1998] Pero lo más curioso es que uno de los corredores de la pirámide recogía la luz de las Pléyades. [Faber-Kaiser, 1971]

Es probable que exista una relación entre las construcciones egipcias y americanas, ya que el matemático Wolfgang Feix, calculó una señal de llamada, a partir de la pirámide de Keops que conduce a la estrella Alfa Centauri y se llega a la misma estrella si se aplica a la pirámide del Sol de Teotihuacán (México). [Barceló, 2002] Además estos grupos de pirámides están situados en la misma latitud, o sea 23° 27', es decir, lo que conocemos como el Trópico de Cáncer, por lo que si dibujáramos una línea recta se unirían ambos puntos. [Sendy, 1979]

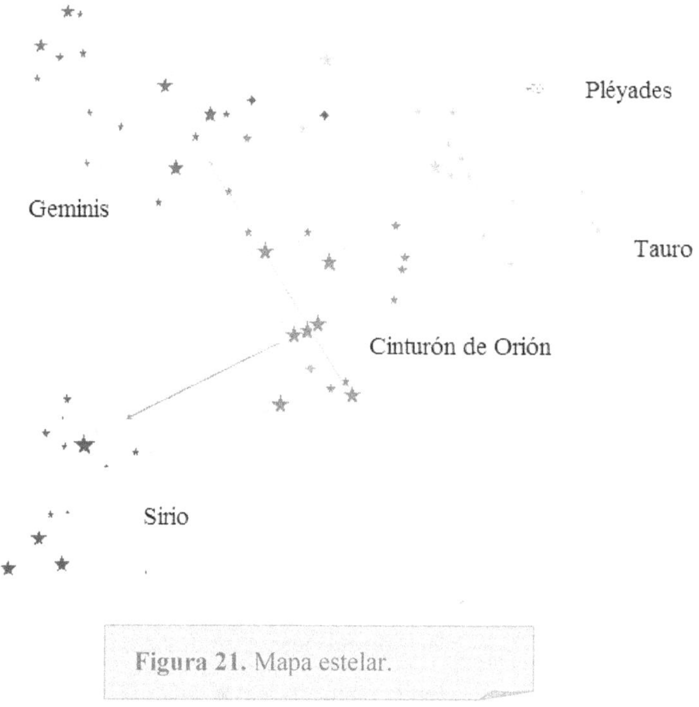

Figura 21. Mapa estelar.

Por lo tanto, sí que puede existir una relación entre los mitos sumerios con las pirámides. [Temple, 1998] Aunque dicha relación no se ha establecido por el momento, si observamos un mapa estelar, podremos claramente apreciar la relación entre el cinturón de Orión, Sirio y Las Pléyades (figura 21).

Podríamos relacionar a Orión y Sirio, ya que Orión fue una de las dos constelaciones más asociadas a Sirio en el Egipto antiguo (la otra fue

Argos).[35] [Temple, 1998] Por otro lado, es curioso que las constelaciones de Orión y Las Pléyades han sido antagonistas desde tiempos antiguos, así lo menciona Higinio (*Astronomía* II, 21, 4) [Colaboradores de Wikipedia, 2010] y se refleja en la *Biblia*.[36] [Casciaro, 1979]

No debemos olvidar que según Heródoto, las pirámides de Gizeh, estaban rodeadas de agua, [Temple, 1998]; probablemente de igual modo que las construidas en el lago Moeris (también denominado el lago de Osiris). [De Cordier, 2008] E incluso, dado que Heródoto no describe a la esfinge de Gizeh en su relato, el motivo debió ser que se encontrase anegada de agua, lo cual explicaría sus marcas de erosión por agua. [Temple, 1998] Dado que dicha figura representaba según autores, a Anubis, [Temple, 1998] o bien a Horus (Harmachis), [Brodrick y Morton, 2003] siendo ambos hijos de Osiris [Brodrick y Morton, 2003] resulta evidente el motivo por el cual se realizaron importantes obras de canalización para rodear Gizeh; si pensamos que Moeris estaba dedicado a Osiris, [De Cordier, 2008] la explicación más razonable parece relacionarse con la iconografía anfibia de dicho dios. [Temple, 1998] Algo semejante ocurría con la construcción de

---

[35] Lo cual no deja de ser significativo, ya que Argos es la embarcación que Isis y Osiris utilizaron para escapar del diluvio. [Temple, 1998] Y que por tanto, representa tanto el barco de Jasón, como al arca de Noé. [Temple, 1998] Sin olvidar que el nombre de Las Pléyades, proviene del griego navegar (πλειν). [Faber-Kaiser, 1971]

[36] ¿Eres tú quien mantiene juntas las Pléyades y separadas las estrellas del Orión? (Job 38:31-33). [Casciaro, 1979]

los zigurates en Sumeria, ya que se rodeaban de agua para indicar su relación con Enki. [Lendering, 2010]

En el Sur de dicho lago, se encontraba la ciudad de Shedyet (Shed), dedicada plenamente al culto del dios Sebek (denominado también Sobek, [Bonnet, 2000] y conocido como Sukhos por los griegos [Brodrick y Morton, 2003]), representado como un cocodrilo (por ello los griegos denominaron a la ciudad Krokodilopolis).[Encyclopædia Britannica, 2010 c] Dicha ciudad fue la capital de la provincia de *Ta.she* ("la tierra del lago") [Brodrick y Morton, 2003] Y tanto en la capital como en la región, abundaban los Pady-Sebek (Petesucos[37]), cocodrilos sagrados que, según Estrabón, se engalanaban con joyas [Brodrick y Morton, 2003] y al morir se embalsamaban. [Bonnet, 2000]

La palabra egipcia *henti*, fue un nombre de Osiris [Temple, 1998] Aunque también significa "dioses cocodrilo" y suele denominar a un dios con cabeza de cocodrilo en el Tuat. [Temple, 1998] *Hent* es "el cocodrilo de Set" y Hen-t es un lugar mitológico que se encuentra en el submundo y que puede estar relacionado con el mundo subterráneo. [Temple, 1998]

Como se puede apreciar, la relación entre Osiris y otros dioses con características anfibias en evidente. Y de hecho, existen

---

[37] Probablemente dicha denominación signifique "nacido de Sebek" [Bonnet, 2000]

representaciones de Osiris (e Isis) con formas anfibias y también con formas reptiloides. [Temple, 1998]

Si tenemos en cuenta que dicho lago ya existía antes de la época del rey Menes (Narmer), [Encyclopædia Britannica, 2010 b] y que estaba bordeado por asentamientos neolíticos, [Encyclopædia Britannica, 2010 b] siendo la ciudad de Shedyet uno de ellos (aprovechando una elevación del terreno). [Encyclopædia Britannica, 2010 b] Y dado que Sebek es uno de los dioses más antiguos del panteón egipcio (en la XIII dinastía muchos faraones incorporan su nombre) [Brodrick y Morton, 2003] Junto con Osiris (como lo demuestra la placa de Hemaka de Abydos, datada en la I dinastía) [Temple, 1998] Estando ambos claramente asociados a características anfibias; nos hace pensar si acaso no tenga mucho que ver con la antiquísima y bien documentada tradición egipcia que menciona setenta y cinco "príncipes" anfibios. [Ribero Meneses, 2001] De la cual nos ocuparemos más adelante.

Desde un punto de vista científico, los océanos proporcionan un ambiente excelente para la vida animal y una rápida evolución, además, permite desarrollar cerebros mayores por lo que podríamos esperar encontrar una inteligencia superior en los animales marinos que en los terrestres. De igual modo, la mayor parte de las especies biológicas inteligentes no deberán ser muy diferentes a los humanos (morfológicamente), y sería de esperar que tuvieran, en la mayoría de los casos, dos piernas y dos brazos con manos y dedos. [MacGowan y Ordway, 1970] [Temple, 1998]

¿Son los mitos el recuerdo de una o varias civilizaciones extraterrestres anfibias que pudieron llegar a la Tierra en épocas pasadas? ¿Realmente es posible un contacto extraterrestre?

La posibilidad de contactos con supuestas civilizaciones de otros confines del Universo, ha sido clásicamente tenida como una posibilidad ínfima, tanto por la mayoría de instituciones científicas [Ynduráin Muñoz, 2003], como organismos oficiales [MoD, 2009], incluso, por algunos miembros de estudios ufológicos [Ballester Olmos, 2002].

Pese a que numerosos estudios realizados en astronautas muestran que generalmente las náuseas y otros síntomas del "mareo espacial" que a menudo causa la microgravedad desaparecen con la adaptación; la exposición a ambientes de microgravedad, implica unas repercusiones fisiológicas que (en el ser humano) son similares a los que ocurren por envejecimiento, inmovilización, o por abandono de un entrenamiento físico. [Miquel Calatayud, 2004] Por lo que los cambios en el sistema musculoesquelético (cierto grado de atrofia y pérdida de calcio), aunque no suponen una amenaza para el mantenimiento de la salud y la capacidad funcional en los vuelos actuales (sobre todo si se realiza ejercicio físico), ponen límites (junto con dosis excesivas de radiación cósmica) a la duración máxima de futuras misiones espaciales. [Miquel Calatayud, 2004]

Por ello, la realidad OVNI, cada vez está menos vinculada a la posibilidad de un contacto con una civilización extraterrestre.

Sin embargo, recordando las palabras de los matemáticos Edward Kasner y James Roy Newman: (sic) "cuando un hombre de ciencia afirma que una máquina o un proyecto son imposibles, sólo revela las limitaciones de su época". [Kasner y Newman, 2006]

En efecto, la mayoría de hombres de ciencia de finales del siglo XIX "demostraron" la imposibilidad de que un objeto más pesado que el aire pudiese volar [Kasner y Newman, 2006]; asimismo, el primer buque de vapor que cruzó el Atlántico, llevaba entre su carga un libro que "demostraba" que era imposible que un buque de vapor cruzase nada, y aún menos, el océano. [Kasner y Newman, 2006] La Academia de Ciencias francesa declaró categóricamente en el siglo XIX que los meteoros son pura fantasía e incluso el naturalista Cuvier, fundador de la anatomía comparada, no tuvo reparos en afirmar: "Las piedras no pueden caer del cielo, porque en el cielo no hay piedras". [Pardina Cancer, 1991] Dichos científicos, basándose en la corriente principal (en inglés, *mainstream*), de dicha época emitieron sus conclusiones. Por lo que demuestra que incluso entre científicos, las "corrientes principales" no siempre son verídicas, e incluso a menudo, son erróneas. Por ello, si no hubiera científicos dedicados a probar la viabilidad de todas las teorías, pese a las "corrientes principales", la ciencia sería como son las religiones; es decir que el dogma religioso sería equiparable a la "corriente principal". [Torrent, 2008]

Actualmente, sabemos que otras estrellas tienen una corte de planetas como la tiene nuestro sol. De hecho, estos sistemas deben ser bastante frecuentes, ya que se han encontrado unos setenta planetas en estrellas próximas a nosotros, y hay indicios de que existen bastantes más. [Ynduráin Muñoz, 2003]

Para contrarrestar el efecto negativo de la permanencia en microgravedad y luego la vuelta a la gravedad (problemas de insomnio, de hipotensión arterial, el vértigo, los trastornos neurológicos, la desorientación, los vómitos, etc.), el Neurolab propuso la sujeción de la cabeza, el uso de trajes antigravitacionales y la posición sentada mirando hacia atrás; que pese a no ser efectivos al 100%; han resultado muy útiles. [Chavarría González, 2006]

En cuanto al efecto de la exposición a la microgravedad, lo que se recomienda es la realización de ejercicio físico tanto de resistencia como de potencia, durante 2 horas diarias.[38] [Chavarría González, 2006]

También es probable el efecto de una exposición prolongada a la microgravedad, en vuelos espaciales de muy larga duración, diese como resultado el enlentecimiento (e incluso freno) del

---

[38] Tal vez por ello, en el libro *Ilon-Fu* (2.880 aC) se describe una especie de gimnasia terapéutica respiratoria, punto de referencia para aplicaciones fisioterápicas por medio del ejercicio físico. [López Chicharro y Fernández Vaquero, 1998] O tal vez sea la razón por la cual en el *Ayur-Veda* (1.800 aC), se encuentran tantos aforismos acerca de las virtudes del movimiento como forma terapéutica para el mejor funcionamiento corporal. [López Chicharro y Fernández Vaquero, 1998]

envejecimiento humano (en lugar de acelerarlo). [Miquel Calatayud, 2004] De modo que a pesar de la aceleración del envejecimiento del sistema músculo esquelético, si se pudiera permanecer muchos años en microgravedad, se podría aumentar la duración de·la vida a causa de la disminución del metabolismo. [Miquel Calatayud, 2004]

Einstein modificó la Ley de la Gravitación de Newton incorporando la relatividad a la gravitación y estableciendo que no se podía propagar la interacción a velocidades superiores a la de la luz. [Hernández y Melo, 2005]

La teoría de la relatividad, además de desechar el modelo de acción a distancia demostró la inexistencia del éter y postuló el concepto de campo gravitacional. A partir de este concepto se considera que una partícula de masa M_1 modifica de "alguna manera" el espacio que la rodea, creando un campo gravitacional que a su vez, ejerce una fuerza de interacción sobre otra partícula de masa M_2 al cabo de un tiempo finito, que viene dado por la relación entra la distancia que separa los cuerpos y la velocidad de propagación de la perturbación. [Hernández y Melo, 2005] Según la Teoría General de la Relatividad, esta velocidad coincide con la velocidad de la luz.

Aplicando dicha Teoría, sabemos que es imposible (más allá de toda duda razonable) el realizar viajes más rápido que la luz, [Ynduráin Muñoz, 2003] y también sabemos que los motores utilizables para viajes espaciales no pueden tener un rendimiento muy superior a los nucleares que conocemos. [Ynduráin Muñoz, 2003]

Actualmente, teniendo en cuenta las tecnologías existentes y el desarrollo de las mismas, la velocidad máxima media de una astronave es de, aproximadamente, un veinteavo de la de la luz. [Ynduráin Muñoz, 2003] Por lo tanto, tras cien años de viaje, el vehículo espacial solo llega a 5 años luz de su base; apenas la distancia a la estrella más próxima a nosotros. [Ynduráin Muñoz, 2003] Incluso si suponemos un vehículo sin tripulantes orgánicos, tipo sonda espacial, y pensamos en un viaje de mil años; el recorrido sería de 50 años luz. [Ynduráin Muñoz, 2003] Esto hace muy improbables visitas en persona de posibles extraterrestres, pese a la posible existencia de civilizaciones en nuestro entorno galáctico. [Ynduráin Muñoz, 2003]

Sin embargo, ¿es ésta la única posibilidad de viajar por el espacio?

El físico Miguel Alcubierre sugería, en 1994, que se podría viajar más rápido que la velocidad de la luz si la materia pudiese expandir el espacio-tiempo detrás de un vehículo (de manera que empujase el punto de partida muchos años luz hacia atrás) y contraer el espacio tiempo en frente (colocando el punto de destino más cerca), mientras que se dejaba a la nave misma en una región plana local de espacio-tiempo unida por una "burbuja de deformación" que permanecía entre las dos distorsiones. La nave podría entonces navegar en su burbuja a una alta velocidad arbitraria, empujada hacia delante por la expansión del espacio a sus espaldas y la contracción del espacio en frente de ella. Podría viajar más rápido que la velocidad de la luz sin romper ninguna ley física porque, con respecto al espacio tiempo en su burbuja de deformación, estaría en reposo. Al igual, estando localmente estacionaria, la nave espacial y su tripulación serían inmunes de cualesquiera devastadoras altas aceleraciones y desaceleraciones (obviando la necesidad de las "diversas disminuciones de amplitud electrónica, mecánica, acústica y aerodinámica inerciales") y de efectos relativistas tales como dilatación en el tiempo (ya que el paso del tiempo dentro de la burbuja de deformación sería el mismo que en el exterior). [Alcubierre, 1994] Sin embargo, posteriormente se demostró que tras de la nave (en el horizonte negro), el astronauta se toparía con la radiación de Hawking (enunciada por Stephen Hawking en 1974) lo cual produciría temperaturas muy altas que podrían destruir la nave. [CSIC, 2009] Además, por delante de la nave el denominado horizonte blanco supone un impedimento insalvable, ya que la contracción del espacio tiempo en la parte delantera produciría la ruptura de pares de partículas que irían amontonándose en la pared. Este fenómeno provocaría un crecimiento exponencial de energía incontrolable, y hace inconsistente la construcción porque tiende a autodestruirse. [CSIC, 2009]

Una posible solución pasaría por construir el vehículo con paredes tan gruesas que la temperatura producida por la radiación de Hawking no fuera un obstáculo y contrapesar la energía delantera con una energía inversa. [CSIC, 2009] Actualmente, esto último parece inverosímil, sin embargo, existe otra solución: no atravesar la barrera de la luz, de modo que no se produjeran horizontes, ni radiación de Hawking, ni altas temperaturas. Esto permitiría: (sic) "viajar al 99% de la velocidad de la luz". [CSIC, 2009]

Eso significaría que, por ejemplo, en poco más de 33 años de viaje podríamos elegir explorar hasta 249 sistemas estelares diferentes (teniendo en cuenta el censo de estrellas conocidas dentro de un radio de 33 años luz [Tenenbaum, 2007]). Pero de igual modo, podríamos estar siendo explorados por cualquier civilización de dichos sistemas (caso de poseer la tecnología adecuada).

Pero, además, resulta que dicho modo de viajar no es la única posibilidad…

El propio Einstein, en la Teoría Especial de la Relatividad, abrió las puertas a las posibilidades de los viajes por el espacio-tiempo. [Pareja, 2001] Posteriormente Kurt Godell demostró que las ecuaciones de Einstein "permitían viajar por el tiempo" y Frank Tipler demostró la posibilidad real de los viajes en el tiempo, siendo el primero que pondría sobre la mesa de dibujo la primera máquina del tiempo en el mundo. Actualmente la mayoría de físicos actuales están de acuerdo que las ecuaciones de Einstein posibilitan la existencia de los viajes por el tiempo, a condición de hacerlo desde un punto fijo del espacio, o al revés, lo que implica que permiten viajar en el espacio sin hacerlo en el tiempo (al pasado o al futuro). [Pareja, 2001] Sin embargo, aplicando la Relatividad General, para crear una máquina del tiempo debemos construir un cilindro rotatorio increíblemente grande y compuesto por la reunión de, al menos, cien estrellas de neutrón o púlsares (esferas de unos 35 Km de diámetro que ocuparían unos 4.000 Km. de longitud en el espacio exterior). [Pareja, 2001] Lo cual escapa a las posibilidades tecnológicas actuales.[39]

Las ecuaciones de Einstein también permitieron el descubrimiento de los denominados "agujeros de gusano", [Pareja, 2001] los cuales podrán utilizarse para viajar por el Universo (y también podrían proporcionar la posibilidad de viajar en el tiempo). [Hawking, 2002] Siendo técnicamente más viable que un viaje interestelar "clásico" desde nuestra propia galaxia. [Hawking, 2002] Pero los físicos no opinan que sea muy práctico viajar utilizando estos recursos de los agujeros negros, o los de gusano, que posiblemente aplasten a la persona que los utilice. [Pareja, 2001]

Pese a que actualmente no hay constancia de investigaciones para localizar dichos "agujeros de gusano"; algunos autores mencionan que algunas informaciones parecen indicar que científicos intentan localizar estas zonas que permitirían un avance en la aeronáutica.

---

[39] Aunque no impide que dicha máquina ya haya sido creada en un futuro y que esté esperando a que la descubramos [Pareja, 2001] O que simplemente, la hayan desarrollado otras civilizaciones anteriores a la nuestra. En éste sentido, podría tratarse del *késheth* (arco), símbolo bíblico que algunos autores han relacionado con un mecanismo propulsor para viajar por el espacio. [Sendy, 1979] Y cuya etimología recuerda a la china *Hoo She* (arco y flecha) que es tal y como nombraban a Sirio. También los egipcios asociaban el arco y la flecha con Sirio, y en Babilonia existe un cilindro donde se asocia a Sirio con la "estrella del arco". [Temple 1998] ¿Se encuentra en Sirio la clave para llegar a otros lugares del espacio-tiempo?

[Soler y Quirón, 2003] Algunos relatos, como el ocurrido a Bruce Gernon Jr y su padre el 4 de diciembre de 1970, los cuales recorrieron 500 Km en 47 minutos (lo habitual sería haber tardado más de 75 minutos en ruta directa, mientras que ese día realizaron una ruta indirecta), [Soler y Quirón, 2003] o ciertas anomalías temporales tales como cosas que no pudieron pertenecer al período en que se las encontró, [Pareja, 2001] e incluso algunos extraños sucesos como los relatados por el historiador Arnold Toynbee, del cual se afirma que había estado en los sitios históricos que luego tan bien describió, entrando como en unas "burbujas de tiempo" que le permitían trasladarse al lugar y momento del acontecimiento histórico [Pareja, 2001]; parecen indicar que dichos agujeros podrían incluso existir en la Tierra; así al menos, lo creía el famoso físico John Archibald Wheeler (compañero entre otros de Niels Bohr y Albert Einstein). [Soler y Quirón, 2003]

Dichos agujeros, permitirían la posibilidad no ya de viajar por nuestro Universo, sino incluso, la posibilidad de conectar varios Universos. [Hawking, 2002]

Junto a la existencia del campo gravitacional, antes mencionado, coexisten las ondas gravitacionales, perturbaciones en el espacio-tiempo que en teoría se propagan a la velocidad de la luz desde los lugares donde se acelera rápidamente una masa. Estas ondas son de naturaleza muy débil y la inexistencia de la radiación bipolar significa que solamente una pequeñísima fracción de energía mecánica de la fuente se convierte en radiación gravitacional. Se predice que las ondas gravitacionales más intensas producirían cambios en las dimensiones del espacio-tiempo menores de una parte en 10^{22}. [Hernández y Melo, 2005]

En los últimos años se ha desarrollado la teoría de las Supercuerdas buscando la Teoría del Todo que pueda unir en un sólo modelo todas las interacciones fundamentales de la naturaleza: gravitacionales, electromagnéticas, nucleares y débiles. [Hernández y Melo, 2005] Con el postulado de la oncena dimensión en la Teoría de la Membrana, la Gravitación pudiera explicarse como intercambio de vibraciones entre membranas que se encuentran en Universos paralelos. [Hernández y Melo, 2005]

La teoría de Universos paralelos, también denominada multiverso, propuesta por David Deustch en 2001, menciona la posibilidad de infinitos Universos paralelos [Deutsch, 2001] los cuales poseerían posibilidades limitadas de evolución homínida similar a la nuestra, [Garriga y Vilenkin, 2009] lo que daría inevitablemente como resultado una forma de vida humana sino igual, sí al menos similar a la nuestra (la existencia de un Universo infinito, con posibilidades finitas, hace que la probabilidad de que un suceso ocurra de forma casi idéntica dos veces sea casi segura). [Garriga y Vilenkin, 2009]

Ken D. Olum y anteriormente Enrico Fermi, postulaban que en el Universo observable, debido a la existencia de billones de estrellas mucho más antiguas que el Sol, tienen que existir civilizaciones gigantescas mucho más antiguas que la nuestra, que podrían haberse expandido ampliamente a través del Universo. [Gato Rivera, 2004]

Por lo tanto, y unido a la posibilidad del uso de agujeros de gusano que podrían conectar diferentes Universos, podríamos estar siendo observados y visitados, no ya por civilizaciones más o menos próximas de nuestro sistema solar, sino incluso, por civilizaciones de otros Universos paralelos.

Según lo que se denomina: "El Principio Subantrópico"; es decir, que nosotros no estamos incluidos entre los observadores inteligentes del Universo, las civilizaciones desarrolladas deben de estar cientos de miles, o millones, de años más evolucionadas que la nuestra y, consecuentemente, los observadores inteligentes típicos son mucho más inteligentes que nosotros. El Principio Subantrópico es casi equivalente a la propuesta de que, en el presente, todas las galaxias típicas del Universo (o vastas regiones de las mismas) están ya colonizadas por civilizaciones avanzadas, o muy avanzadas, en las que una pequeña proporción de sus individuos pertenecen a subcivilizaciones primitivas, como la nuestra. [Gato Rivera, 2004]

Un ejemplo de lo anterior, podría verse en la localidad africana de Okla (Gabón), donde en una mina de uranio, se encontraron rastros de subproductos de la fisión y desechos de combustible que indicaban que dicha mina funcionó como reactor nuclear hace unos 1.800 millones de años atrás y estuvo operativa durante unos 500.000 años. [Secret China Staff, 2009]

Entonces, si estamos siendo visitados, ¿cuál es la razón de que no se muestren claramente y de que ni tan siquiera los hayamos detectado de forma clara?

La respuesta más simple es que, sólo existen unas pocas bases diminutas difíciles de detectar. [Gato Rivera, 2004] Otra consideración es la posibilidad de que dentro de las civilizaciones avanzadas existan civilizaciones agresivas y, como resultado, deben haber desarrollado sistemas de camuflaje muy sofisticados, de manera que ningún observador externo tecnológicamente más avanzado que nosotros incluso, pueda detectar señal alguna de civilización. [Gato Rivera, 2004] Esta posibilidad, la doctora Beatriz Gato-Rivera la denomina: "La Conjetura de Indetectabilidad". [Gato Rivera, 2004]

En base a los argumentos expuestos por algunos autores, sobre el uso de tecnologías en la antigüedad, [Kanjilal, 1985] [Faber-Kaiser, 1989] [Temple, 1998] [Sitchin, 2002] [Mendoza Palacios, 2004] parece claro que no representamos una amenaza real para ellos (más avanzados tecnológicamente); entonces ¿porqué no toman contacto con nosotros?

Una primera respuesta podría ser debido a una "Norma" que dicte que la situación y desarrollo evolutivo de un sistema autónomo no pueden ser alterados por agentes externos al mismo, a fin de que los miembros de este colectivo asuman la responsabilidad indelegable de adoptar decisiones libres e independientes, o lo que es lo mismo, de ejercer el derecho a crear su propio destino sin interferencias exógenas, y naturalmente de arrostrar las consecuencias inherentes a sus pensamientos, emociones, actos y omisiones. [Darnaude Rojas-Marcos, 2005] Otra respuesta podría ser por motivo del comportamiento "irracional" detectado (envenenar el propio hábitat, guerras, etc.) y por las desigualdades y desequilibrios existentes (existiendo comunidades tecnológicamente avanzadas y otras con un gran retraso técnico notorio y con una muy baja calidad de vida). [Munnshe, 1998] O tal vez por una "condena" por la cual estamos aún en cuarentena debido a violaciones históricas de la normativa global perpetradas en este planeta [Darnaude Rojas-Marcos, 2005]. O como medida de cautela ante virus, bacterias u hongos que pudieran ser letales. [Darnaude Rojas-Marcos, 2005] O simplemente por incompatibilidad con nosotros, al considerarnos poco menos que primates poco evolucionados. [Gato Rivera, 2004] [Darnaude Rojas-Marcos, 2005] Por lo que un supuesto contacto, podría producir en la sociedad un shock mental peligroso, y pese a que en nuestra época estamos más concienciados, aún así las consecuencias de un contacto formal estarían fuera de control. [Munnshe, 1998]

Si existiese una civilización lo bastante agresiva para intentar, cuando estuviera en condición de hacerlo, conquistar el universo sin otro móvil que la expansión de su imperio, no sobrevivirá tanto tiempo y se auto-destruiría, ya que sus individuos lucharán desde el principio para conquistar la región, el país o el planeta, hasta provocar el holocausto cuando su grado técnico les permita guerras mundiales con mecanismos nucleares o afines. [Munnshe, 1998] Las únicas especies capaces de sobrevivir lo suficiente hasta que su tecnología les permita estar en situación de iniciar guerras galácticas, serán, paradójicamente, aquellas que jamás las iniciarán a causa de haber erradicado por completo de sí mismas la belicosidad. [Munnshe, 1998] Por otro lado, el estatus tecnológico que requieren los viajes interestelares es tan colosal, que una civilización capaz de ello está tan desarrollada que no necesita nada material de nadie, ya que puede obtenerlo con más facilidad por sus propios medios, a partir incluso, si es necesario, de la transformación atómica de unos elementos en otros; y por lo tanto, sería absurdo que una civilización organizase un viaje a gran escala hacia otro planeta, con todo lo que ello supone, para invadirlo y apropiarse de materias primas, objetos, energía, o seres de los que alimentarse. [Munnshe, 1998]

Como conclusión, dado que ahora es mucho más fácil de aceptar la posibilidad de que el Sistema Solar pudiera haber sido hallado o colonizado hace muchos miles, o incluso millones de años, por al menos, una civilización avanzada; y en base a que no la hemos detectado (de forma clara); podemos concluir que dicha civilización es no agresiva y que habría tratado, y pudiera que todavía tratara, a nuestro planeta como una reserva natural protegida, ya que (parece ser que) no hemos sido invadidos por ninguna civilización hasta la fecha. [Gato Rivera, 2004]

<u>Referencias bibliográficas:</u>

- Alcubierre M. *The warp drive: hyper-fast travel within general relativity*. Class. Quantum Grav. 1994; 11-5: L73-L77

- Ares N. *El misterio de Orión*. Karma 7. 1998; n° 295 septiembre.

- Ballester Olmos VJ. *Porque no pueden existir los OVNIs*. Papers d'OVNIs. 2002; n° 29: II Época (julio-septiembre). Disponible en: http://www.telefonica.net/web2/cei/

- Barceló E. *Las pirámides de Egipto*. Ed. Edimat Libros; 2002

- Black M, Rowley HH. (editores). *Peake's commentary on the Bible*. Ed. Routledge; 1962

- Casciaro JM (revisor). *La santa Biblia*. Madrid. 11ª edición. Ed. Ediciones Paulinas; 1979

- Castillos JJ. *La gran esfinge de Guiza: mito y realidad*. Instituto Uruguayo de Egiptología. 2006

- Chavarría González S. *Fisiología del ejercicio en el espacio*. Escuela de Ciencias del Deporte, Universidad Nacional (Costa Rica). 2006

- Colaboradores de Wikipedia. *Pléyades (astronomía)*. 2010. Disponible en: http://es.wikipedia.org

- CSIC. *Invalidan una de las últimas teorías para viajar por encima de la velocidad de la luz*. 21/8/2009. Disponible en: http://www.oei.es/divulgacioncientifica/noticias_010.htm

- Darnaude Rojas-Marcos I. *Hipótesis explicativas de la naturaleza, origen y propósitos de los objetos no identificados (tercera parte)*. Boletín El fuego del dragón. 2005; n° 86 (octubre). Disponible en: http://dragoninvisible.com.ar.

- De Cordier L (coordinador). *Labyrinth of Egypt*. En: *Mataha-expedition geophysic survey*. NRIAG (El Cairo). Ghent University (Bélgica); 2008. Disponible en: http://www.labyrinthofegypt.com

- de la Torre Suárez J. *Pirámides de Egipto*. Asociación Andaluza de Egiptología (ASADE). 2010. Disponible en: http://www.piramides.org/

- de Toro y Llaca C. *La evolución de los conocimientos astronómicos a través de la historia*. Inst. Astron. Geod. 1999; (194): 1-57, 40 Ref

- Deutsch D. *The Structure of the Multiverse*. Quantum Physics. 2001, abril.

- Esteban C, Rodríguez Hidalgo I. *Astroglífica: inventando el pasado.* ARP. 2002
- Faber-Kaiser A. *Sombras extraterrestres.* 1971 Disponible en: http://andreas.faber.cat
- Faber-Kaiser A. *El muñeco humano.* 1989. Disponible en: http://andreas.faber.cat
- Fiebag P, Gruber E, Holbe R. *Enigma-Die Grossen Rätsel unserer Welt* (6 tomos). Múnich. Ed. Wissen Media Verlag; 2002
- Garriga J, Vilenkin A. *Holographic multiverse and conformal invariance.* JCAP. 2009;11(020) doi: 10.1088/1475-7516/2009/11/020 y arXiv:0905.1509v3 [hep-th]
- Gato Rivera B. *Universos Branas, el Principio Subantrópico y la Conjetura de Indetectabilidad.* Physics. 2004; 0308078
- Hawking S. *El Universo en una cáscara de nuez.* 2002. Ed. Planeta
- Hernández L, de Melo O. *El laberinto de las leyes de Newton.* Revista Cubana de Física. 2005; vol. 22, no. 1.
- Kanjilal DK. *Vimana in Ancient India: Aeroplanes or Flying Machines in Ancient India.* 1985. Ed Sanskrit Pustak Bhandar
- Kasner E, Newman JR. *Matemáticas e Imaginación.* 2006. México DF. Ed. Libraria.
- López Chicharro J, Fernández Vaquero A. *Fisiología del ejercicio.* 2ª edición. Madrid. Ed. Editorial Médica Panamericana; 1998
- MacGowan R, Ordway F. *La inteligencia en el universo.* México. Ed. Universidad Nacional Autónoma de México; 1970
- Martín-Cano F. *Algunas falsas ideas sobre los papeles sexuales en la Prehistoria. La arqueología española en el siglo XXI. La Prehistoria entre los primeros cazadores y recolectores y la aparición de los productores de sus propios alimentos.* Actas del XXVI Congreso Nacional de Arqueología. Zaragoza. Abril del 2001
- Mendoza Palacios E. *¿Son los ovnis un fenómeno moderno?* Boletín El Fuego del Dragón; 2004; nº 66 (febrero). Disponible en: http://fuego.dragoninvisible.com.ar
- Ministry of Defence (MoD). *How to report a UFO sighting.* 01/12/2009. Disponible en: http://www.mod.uk.

- Miquel Calatayud J. *Estudios de la NASA sobre los efectos biomédicos del vuelo espacial*. 2004. Disponible en: http://campus.usal.es
- Munnshe J. *Reflexiones sobre la posibilidad de contacto con inteligencias extraterrestres*. Boletín El Fuego del Dragón; 1998; nº 1 (septiembre). Disponible en: http://fuego.dragoninvisible.com.ar
- Pardina Cancer J., (director). *El libro de lo Increíble*. Suplemento Revista Muy Interesante de Mayo de 1991, nº 120. Ed García Ferre
- Pareja R. *Los Ovnis ¿Naves viajeras en el tiempo?* Boletín El Fuego del Dragón; 2001; nº 30 (febrero). Disponible en: http://fuego.dragoninvisible.com.ar
- Scott C. *Los Mayas*. Ed. Edimat Libros; 2002
- Secret China Staff. *Reactor nuclear en uso hace 1.800 millones de años*. Da Jiyuan Internacional. 24.11.2009. Disponible en: http://www.lagranepoca.com
- Sendy J. *Dioses extraterrestres*. Barcelona. Ed. Daimon; 1979
- Sitchin Z. *El doceavo Planeta*. Barcelona. 2002. Ed. Obelisco
- Soler C, Quirón M. *El triángulo de las Bermudas*. 2003. Ed Edimat Libros.
- Temple R. *El misterio de Sirio. Nuevas pruebas científicas de contactos con extraterrestres hace 5.000 años*. Ed Timun Mas; 1998
- Tenenbaum D. *Checking Out the Stellar Neighborhood*. Astrobiology Magazine; 2007. Disponible en: http://www.astrobio.net
- Torrent FJ. *El legado hermético de la antigüedad*. Ed. Bubok Publishing; 2008
- Ynduráin Muñoz FJ. *¿Existen civilizaciones extraterrestres?* Rev.R.Acad.Cienc.Exact.Fís.Nat. (Esp), 2003; 97: 333-350.

CAPÍTULO IX: Los príncipes anfibios, ¿reyes atlantes?

El denominado *Cuento del Náufrago o de la Isla Maravillosa*, encontrado en el papiro de Leningrado 1.115, y fechado en los albores de la XII dinastía, [Sánchez Rodríguez, 2006] menciona como un náufrago llega a una isla antaño habitada por serpientes dotadas de raciocinio ("totalizamos 75 serpientes entre mis hijos y mis compañeros") los cuales murieron abrasados por culpa de una estrella que descendió. En dicha isla, se encuentra una gran serpiente[40] que se autodenomina "gobernador de Punt" y describe la isla como la isla del *ka* [Sánchez Rodríguez, 2006] Los atributos descritos de dicha serpiente (la barba; el cuerpo de oro, metal inatacable; y el lapislázuli) son atributos divinos por naturaleza. [Sánchez Rodríguez, 2006] Dicha serpiente barbuda, se ha relacionado con los mitos sobre "serpientes emplumadas" que civilizaron América. [Aziz, 1978] Algunos autores describen a los setenta y cinco reptiles afines a la serpiente como "príncipes" anfibios (y los hacen proceder de la isla de Ka) y que podrían relacionarse incluso, con la tradición persa de los setenta y dos reyes sulimanes de Kaz). [Ribero Meneses, 2001]

Dicha isla parece describir una especie de "Isla de la Abundancia" [Sánchez Rodríguez, 2006] Por ello, a dicha isla, la consideran el

---

[40] La serpiente "media 30 codos y su barba era más grande que dos codos". [Sánchez Rodríguez, 2006] Teniendo en cuenta que en Egipto se usaron dos tipos de codos (53 y 46 cm respectivamente) [Sánchez Rodríguez, 2000] probablemente dichos datos no sean la medida de ninguna serpiente y describa a un vehículo "que derribaba los árboles a su paso".

auténtico *paradesa* persa (de donde proviene el término paraíso) [Ribero Meneses, 2001] y podría relacionarse con el país de las sirenas o la isla sepulcral que recibe el ánima de los muertos [Graves, 1988] o con la "isla de los bienaventurados" (*makárôn nẽsoi*) de la tradición griega. [Martínez, 1999] También conocida como "Islas afortunadas" y que la tradición ha situado en el Atlántico, correspondiendo a las Azores, Madeira, Canarias e incluso Cabo Verde. [Martínez, 1999]

Dicha tradición, para algunos autores, se fundamenta en la tradición sumeria que aparece en el *Poema de Gilgamesh*, [Martínez, 1999] probablemente dado a conocer en Occidente por los fenicios. [Martínez, 1999] Para otros autores más antiguos, dicha tradición es egipcia aunque con ciertos aportes de Creta; existiendo una clara relación órfica-pitagórica en dicho mito. [Martínez, 1999]

Lo cierto es que además de las culturas señaladas, dicho mito se puede encontrar, casi textualmente descrito, en los textos sánscritos del *Mahābhārata* y *Rámáyana*, en la cultura tradicional de la China, entre los mitos celtas, y en las tribus indias del sudoeste americano. [Martínez, 1999]

Lo cual irremediablemente, nos obliga a pensar en la Atlántida…

Según lo narra Platón, existía una isla llamada Poseidonis, también denominada Atlántida por otros autores, cuyos reyes eran dueños de un espléndido imperio insular y continental que se extendía por todo el Mediterráneo, por la costa africana hasta Libia y en la europea hasta Tirrenia. [Orta de Lys, 2006]

Eliano en *Varia historia* (III-18), menciona que Sueno cuenta (embriagado) un relato maravilloso de un continente inmenso situado más allá del océano, completamente separado de la masa conjunta de Europa, Asia y África, y en el que abundaban las ciudades magníficas, pobladas por habitantes gigantes, felices y de larga vida y que gozaban de un notable sistema legal. [Graves, 2005]

En la obra *Relatos maravillosos* (atribuida a Aristóteles), en la sección 84 se menciona una isla con cursos navegables que fue descubierta por cartagineses, e incluso algunos se establecieron en ella. Pero posteriormente, se prohibió el éxodo a dicha isla y su conocimiento se mantuvo en secreto. [Aziz, 1978] Diodoro de Sicilia (siglo I aC), expone que existía una isla en el océano a "muchos días de navegación" e insinúa que fue colonizada por los fenicios los cuales "intentaron navegar más allá de las Columnas de Hércules y se adentraron en lo que se llama océano". [Aziz, 1978] También Estrabón menciona que "tras la guerra de Troya, los fenicios fundaron ciudades más allá de las Columnas de Hércules, así como en la parte central de la costa de Libia". [Aziz, 1978]

Según lo mitos griegos, existió una guerra entre dioses que duró 10 años y que al finalizar, Crono y todos los Titanes vencidos, excepto Atlante, fueron desterrados a una isla británica del lejano oeste (o, según algunos, fueron confinados en el Tártaro) bajo la guardia de los "gigantes de las cien manos". [Graves, 1988] Según Thallus (siglo I), todo ello aconteció 322 años antes del sitio de Troya. [Graves, 1988] Y según otros autores, dicha guerra sucedió cerca de las Columnas de Hércules. [Díaz-Montexano, 2009] Merece la pena señalar que los hermanos de los Titanes, eran "ciertos gigantes altos y terribles, con cabellos y barbas largos y colas de serpiente en vez de pies", los cuales tramaron un ataque al Cielo. [Graves, 2005]

Curiosamente, el emplazamiento mencionado en la guerra es el mismo que algunos autores sitúan para la guerra entre atlantes y atenienses. [Díaz-Montexano, 2009]

Por lo tanto, es probable que ambos relatos refieran una misma lucha lo cual lo relaciona con la civilización atlante, o de Tartessos, que según algunos autores, podrán representar a una misma civilización. [Díaz-Montexano, 2000] [Schulten, 1924]

Sabemos que si bien Atlas (el primer rey de la Atlántida) era hijo de Poseidón; el primer rey de Atenas fue Cécrope (Kekrops), representado con cola de pez (o modificada a cola de serpiente), y posteriormente fue su hijo Erictonio. [Temple, 1998] Por lo que en realidad, ambas civilizaciones podrían estar influenciadas por los mismos seres. En efecto, Erictonio (Erecteo) luchó contra Phorbos (Forbos), hijo de Poseidón, y rey de los Curetes, un misterioso pueblo que algunos ubicaron en Creta, y otros autores antiguos lo ubicaron, justamente en algún punto de Andalucía, cercano a las Columnas de Hércules, [Díaz-Montexano, 2009] además, Erictonio mató (según diversos textos antiguos) a dos hijos más de Poseidón, Eumolpos e Inmarandas, en una guerra a muerte que mantuvo con los descendientes de Poseidón. [Díaz-Montexano, 2009] En otros textos, se menciona que Zeus dio muerte a Erictonio con un rayo, [Graves, 1988]; y algunos dicen que Poseidón lo derribó con un golpe de tridente en Macras, donde la tierra se abrió para recibirlo. [Graves, 1988]

Dicha guerra es la misma que relata Platón y de igual modo, también es la que, según la mitología clásica, sostuvieron Poseidón y Atenea. [Díaz-Montexano, 2009] Por lo tanto, podemos situar dichas guerras entre el 1.582 y el 1.300 aC [Díaz-Montexano, 2009] Ocurriendo posteriormente el (o los) cataclismo(s) que acabaron con la Atlántida y con Atenas. [Díaz-Montexano, 2009] Curiosamente, la desaparición de las dos ciudades del valle del Indo se fechan en torno al año 2.000 aC (la de las poblaciones del valle hacia el 1.750 aC). [Blázquez, 1995] Mientras que en la Grecia continental entre 1.700 y 1.500 aC, se detectan cambios que se relacionan con un supuesto "despertar aqueo", donde se desarrollan armas de bronce; aparecen carros de guerra; aparecen los reinos; se fortifican los núcleos protourbanos transformándose en palacios-fortalezas, y se establecen fronteras estables, fruto de la creación de las primeras estructuras estatales. Dichos cambios se relacionan con el auge de aristocracias bélicas aqueas que desarrollan las "ciudades-fortaleza" y la cultura micénicas

(1500-1200 aC)[41] [Molina Vidal, 2004] Ello coincide con la penetración en Egipto de gentes procedentes de Siria-Palestina que culmina con los invasores hicsos, los cuales llegan a Egipto en un momento de debilidad y crisis interna y conquistan en 1.720 aC, la ciudad de Avaris, sobre el Delta. Introduciendo en Egipto el caballo y el carro de guerra, conquistando Menfis y fundando las Dinastías XV y XVI. [Bedman González, 1995] El nombre hicsos se traduce como "príncipes de países extranjeros" y según los conocimientos actuales, su origen enfoca hacia los sirio-cananeos, como los candidatos más idóneos. Poseyendo nexos dinásticos con lo minoicos de Creta. Los cuales conquistaron el delta del Nilo y establecieron en ella una nueva dinastía Egipcia (XV y XVI). [Bedman González, 1995]

Algunos autores han encontrado similitudes con los hititas [Scott, 2003] ya que el comienzo del reino Hicso se sitúa aproximadamente en el 1.650 aC [Bedman González, 1995] Lo que coincide con la fecha

---

[41] Desde 1.250 aC las fuentes escritas y materiales hacen referencia a movimientos de poblaciones que parecen impulsados por un "efecto dominó" en el que unas poblaciones empujan y desplazan a otras. Estas convulsiones poblacionales parecen ser un factor importante, aunque no el único, para explicar una serie de fenómenos constatados de forma contemporánea en distintas partes del Mediterráneo oriental: caída del imperio hitita (Hattusa 1.200 aC), del mundo micénico (1.200 aC) y Ugarit (1.180 aC); las invasiones en Egipto (desde 1.220 aC), o la presión greco-filistea en Siria y Palestina, con la consiguiente aparición de nuevos estados (arameos, neohititas, fenicios, estados neobabilónicos, hebreos desplazados desde Egipto). [Molina Vidal, 2004] Según un reestudio reciente de la cerámica micénica de Troya, la destrucción del nivel VIIa ocurrió en los últimos años de un periodo de transición IIIB-IIIC (justo al final del siglo XIII aC); por lo tanto, también es contemporánea de los mismos sucesos y de la gran crisis de los "pueblos del mar". [Moreu, 2003]

de la desaparición, durante dos siglos, de referencias hititas. [Scott, 2003] Y el armamento hitita y el de los hicsos era my similar [Scott, 2003] Otros lo vinculan a los hurritas,[42] debido a su gran influencia sobre Hatti (capital hitita). [Scott, 2003]

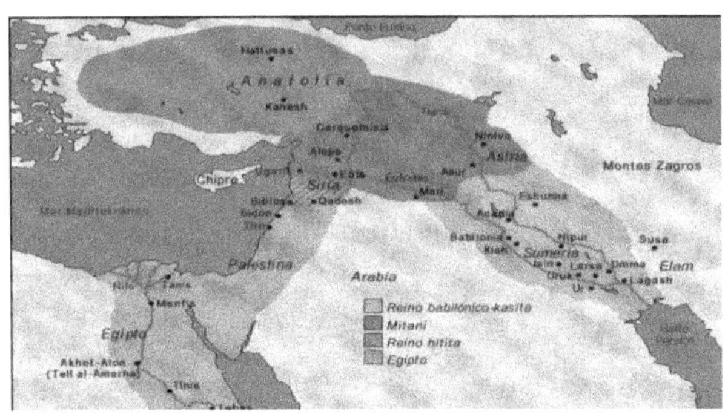

Figura 22. Los imperios de Egipto, Babilonia, Hatti y Mitani, hacia al año 1500 aC. Universidad Complutense de Madrid.

Pese a que no hay evidencias claras, se ha sugerido que existieron asentamientos hititas tanto en Palestina como en Egipto sobre el año 1.800 aC (mucho antes de la emigración documentada de 1.335 aC). [Temple, 1998] Por lo que es probable que los hicsos tuviesen relación con lo hititas; lo que es evidente es que este pueblo, estaba nutrido de, al menos, tradiciones hurritas pero sobre todo, tenían influencias evidentes de sirios, cananeos y palestinos. [Bedman González, 1995] Restablecieron el culto a Apepi (en griego Apophis) divinidad anfibia

---

[42] El país de origen de los hurritas parece haber sido Armenia, en la Anatolia oriental. [Oliva, 1999] El término hurri (hurrita) suele designar en los textos acadios del II milenio una imprecisa entidad geo-política norsiro-mesopotámica, que alcanzó su esplendor con el poderoso imperio de Mittanni entre 1.600 y 1.350. [Oliva, 1999]

que en algunas ocasiones fue identificado con Tifón y en la época grecorromana con Set. [Brodrick y Morton, 2003]

Volviendo al tema de la isla donde fueron desterrados Cronos y los Titanes, en bien probable que fuese la mencionada en el *Relato del náufrago*; y por tanto, sería la cuna de los seres descritos como serpientes emplumadas, siendo posteriormente, quizás, poblada por fenicios o cartagineses.

Basándose en el relato de Platón, se ha deducido que la isla descrita como Atlántida era en realidad Santorini o la misma Creta [Fornieles Medina, 2009] En efecto, varios detalles del relato de Platón, como el sacrificio de toros en columnas y las instalaciones de agua caliente y fría en el palacio de Atlante, describen tradiciones cretenses y no de otra nación que la historia haya podido documentar. [Graves, 1988] También describe la geografía de la isla de un modo que recuerda bastante a la de Creta. [Fornieles Medina, 2009] Spiridón Marinatos, con sus excavaciones en Akrotiri, en la isla de Tera (Santorini) y en el yacimiento de Amniso, en la costa septentrional de Creta (a 130 km) vio que habían sufrido un cataclismo cuya potencia debió ser centenares de veces mayor que el de una bomba atómica y lo relacionó con el mismo que destruyó el continente de la Atlántida, afirmando que la leyenda era un recuerdo distorsionado de la destrucción de Creta y Santorini. [Fornieles Medina, 2009]

Sin embargo, es probable que la civilización cretense perteneciera a los restos de una posible civilización más antigua, que pese a todos los intentos, no ha podido aún ser descubierta. [Rodríguez Sánchez, 2010]

Por lo que sabemos hoy en día, catástrofes similares a la ocurrida en Santorini se han producido repetidas veces en el Mediterráneo, por ejemplo, la producida por el volcán Etna en el año 8000 aC [Burgio, 2008] E incluso se sabe de una gran isla habitada del Atlántico que ha desaparecido: la meseta llamada ahora Dogger Bank. [Graves, 1988] Además, Platón menciona elementos geográficos como las "Columnas de Hércules", la región Gadeira y el Atlántico que indudablemente ni la isla de Creta ni la de Santorini, cumplen. [Díaz-Montexano, 2007]

Sabemos que en dicha zona, existieron algunas pequeñas islas que podían aparecer en la zona de Punta Paloma y Tánger, siempre que el nivel del agua bajase 100 metros respecto al nivel actual. [Huguet Pàmies, 2007]

Existe una tribu en América, denominada los parias, la cual mantienen una tradición oral que menciona que "una gran isla fue tragada en el océano tras un gigantesco cataclismo". Curiosamente, dicha tribu está compuesta por individuos de piel blanca y viven en un pueblo llamado Atlan. [Aziz, 1978] Por ello, la leyenda egipcia de la Atlántida no debe ser descartada como pura fantasía [Fornieles Medina, 2009] [Graves, 1988] y su origen parece datar del tercer milenio aC [Graves, 1988] [Díaz-Montexano, 2009] Pero la versión de Platón, que según él, comunicaron a Solón sus amigos los sacerdotes libios de Saïs en el

Delta, ha sido injertada, al parecer, en una tradición posterior: cómo los cretenses minoicos, que habían extendido su influencia hasta Egipto e Italia, fueron vencidos por una confederación helénica encabezada por Atenas, y cómo, quizás a consecuencia de un terremoto submarino, las enormes obras portuarias construidas por los keftios ("pueblo del mar", o sea los cretenses y sus aliados) en la isla de Faros, se hundieron bajo varias brazas de agua. [Graves, 1988] Dado que la Atlántida de Platón, de acuerdo a la propia definición de los conceptos usados por el mismo Platón, y por muchos autores de la antigüedad clásica, es la narración de una historia verdadera, [Díaz-Montexano, 2006] se sospecha que Platón trató de transcribir un relato histórico cuyo recuerdo se había distorsionado [Fornieles Medina, 2009] y bien pudiera ser que mezclase dos acontecimientos históricos ya que todo parece indicar que el recuerdo de una catástrofe fuese llevada a la costa del Atlántico por los inmigrantes neolíticos muy civilizados provenientes de Libia, conocidos habitualmente como constructores de tumbas en galería. [Graves, 1988]

Anteriormente hemos relacionado a Enki con Poseidón; dado que la morada (*abzu*) de Enki se presumía en "aguas lejanas", rodeadas de cañaverales, [Torrecilla Fraguas, 2004] podíamos aventurar una hipótesis que situase a Enki (Poseidón) no en el delta del Nilo, sino como proveniente de las tierras atlantes (las cuales construyó), ya que se ha relacionado a la Atlántida con una isla "la más fangosa o limosa", es decir, la isla o península con mayor superficie de tierras húmedas fangosas o con limo. [SAIS, 2005 a] De igual modo, el extremo sur occidental de Iberia, donde justamente se halla la región de Gadeira y los propios Pilares de Hércules, presenta la mayor extensión de tierras fangosas y los más grandes deltas de todo el Atlántico cercano a los Pilares de Hércules. [SAIS, 2005 a]

Sabemos que entre el río Tinto y el Guadiana, esto es, en la inmediata vecindad de Tartessos, existía un pueblo de origen africano que había de denominar la península y determinar su historia hasta hoy: los iberos. La procedencia africana de los iberos está demostrada con indudable certeza por la repetición del nombre de los iberos y de numerosos toponímicos ibéricos en el norte de África, como también por la concordancia de la índole física y espiritual de unos y otros. [Schulten, 1924] Pero antes que los iberos, parecen haber venido de África otros pobladores primitivos, entre ellos los ligures, que se extendieron por España, Italia, las Galias y gran parte de las comarcas septentrionales. Los ligures dieron su nombre al lago formado por el Betis cerca de Tartessos (lago ligur) y a una antigua ciudad de aquella comarca llamada "ciudad ligur"; la cual se ha asociado a Tartessos. [Schulten, 1924] Sea como fuere, es muy probable que uno de los primeros establecimientos de esas tribus africanas podría ser Tartessos y por lo tanto, su fundación alcanza al segundo milenio aC, y quizás aun mas allá. [Schulten, 1924]

Precisamente, las evidencias de presencia humana más antiguas de Europa se localizan en territorios meridionales del continente (España, Sur de Francia, Italia, Turquía). [Huguet Pàmies, 2007] Actualmente, la comunidad científica acepta la presencia de grupos humanos en Europa durante el Pleistoceno Inferior. Sin embargo, consideran que estos paleopobladores realizaron una ocupación marginal e intermitente en el continente europeo y defienden que la ocupación extensa y continuada de Europa no tuvo lugar hasta hace alrededor de 500.000 años (asociada a la aparición de *Homo heidelbergensis*). [Huguet Pàmies, 2007] Pero la evidencia muestra lo contrario ya que en la península Ibérica, concretamente en la Sierra de Atapuerca, la presencia de paleopobladores durante el Pleistoceno Inferior se extiende unos 400.000 años, desde hace al menos 1,1 Ma, hasta 780.000 años, lo que muestra cierta continuidad de la ocupación humana en este territorio. [Huguet Pàmies, 2007] La posibilidad de una primera llegada al continente europeo a través del mar Mediterráneo, cruzando el estrecho de Gibraltar, ha sido tenida en cuenta en círculos académicos ya que existen en el sur de la península Ibérica una serie de yacimientos con restos de actividad antrópica (Fuente-Nueva 3 y Barranco León) que presentan una cronología anterior al millón de años; y el yacimiento arqueológico de Ain Hanech (Argelia) con una cronología de 1,9-1,7 Ma, demuestra la existencia de poblaciones en el norte de África que pudieran haber cruzado el Mediterráneo. [Huguet Pàmies, 2007] Dado que en condiciones pleniglaciares el nivel del mar podría haber bajado hasta 130 metros, la distancia entre ambos lados sería más corta y además, se contaría con la posibilidad de utilizar algunas pequeñas islas que podían aparecer en la zona. [Huguet Pàmies, 2007] Sin olvidar la posibilidad de que en dicho periodo, el ser humano ya conociese el arte de la navegación.

Merece la pena apuntar que los filisteos han sido identificados por acuerdo general con los peleset, uno de los "pueblos del mar", [Moreu, 2003] y por lo tanto, se presume su procedencia insular. Su cultura material está relacionada con el Egeo, pero también presenta similitudes con las de Chipre, Anatolia y el Levante. [Moreu, 2003] Por lo que se cree que podrían proceder de una región Anatolia cercana a Chipre, y que habían abandonado su patria huyendo de la devastación (la palabra hebrea *"peletim"*, que es con claridad una evolución de *"pelishtim"* (filisteos), significa exactamente "refugiados"). [Moreu, 2003] La *Biblia* emparenta étnicamente a los filisteos con los *Caftorim* (cretenses) y también los llama "hijos de Anak", [Moreu, 2003] es decir, *anakim*; lo cual los relaciona directamente con los anfibios que describen los textos. Además, dicha denominación debió ser cuando los cretenses no estaban bajo la dominación de los micénicos. [Moreu, 2003] Siendo por tanto minoicos.

Curiosamente, los hallazgos de cerámica sugieren una inmigración libia en Creta ya en el año 4000 aC, y gran número de refugiados libios adoradores de la diosa (Afrodita) provenientes del Delta occidental parecen haber llegado allí cuando el Alto y el Bajo Egipto se unieron forzosamente bajo la primera dinastía alrededor del año 3.000 aC [Graves, 1988] Poco tiempo después comenzó la Primera

Era Minoica y la cultura cretense se extendió hasta la Tracia y la Grecia helénica primitiva. [Graves, 1988] La diosa cretense estaba íntimamente asociada con el mar. [Graves, 1988]

Debemos recordar que la civilización atlante, fue creada por Poseidón, siendo sus primeros reyes sus hijos Atlas y Eumelo (Gadir) [Graves, 1988] Que por los nombres, parecen indicar claramente la zona del estrecho de Gibraltar. Además, resulta curioso que tanto Afrodita como Tritón (los cuales poseen relaciones marinas y anfibias) se asocien a Libia, [Graves, 1988] siendo precisamente de dicha zona, de donde pudieron llegar algunos elementos minoicos hasta Creta. [Graves, 1988]

A todo lo anterior debemos añadir que según el *Critias* (114a), Platón asegura que los atlantes utilizaban corrientemente un metal denominado *orichalque* (literalmente del griego "cobre de las montañas") el cual no ha sido bien identificado.[43] Sin embargo, en la obra atribuida a Hesíodo denominada *El escudo de Heracles*, se menciona que Heracles poseía espinilleras de dicho material. [Contributeurs à Wikipedia, 2010] Lo cual relaciona a dicho dios con la Atlántida; no en vano, fue el que mató a Gerión (un rey mítico de

---

[43] Platón en *Critias* (114) asegura que se le extraía de la tierra en muchos lugares de la isla. En base a lo cual, algunos arqueólogos han sostenido que se trataba del ámbar. [Colaboradores de Wikipedia, 2010] Precisamente durante la Edad de Bronce final (XII-X aC), el ámbar era uno de los principales productos que, desde la Península de Jutlandia, los navíos de Tartessos exportaban a todo el Mediterráneo junto con el estaño, el bronce y la plata. [Colaboradores de Wikipedia, 2010]

Tartessos). En algunas versiones de la leyenda se explica que fue Osiris quien lo mató; e incluso algunas variantes mencionan que fue el hijo de Osiris (el cual se llamaba Heracles). [Torrent, 2008] En el poema épico sumerio de las hazañas de Ninurta, hijo de Enlil, nos encontramos que las descripciones son semejantes a los trabajos de Heracles, por todo ello, se ha considerado que dicho término (heracles) fuese un cargo militar (como el actual "general") y estuviese relacionado con el mar. [Torrent, 2008] Por otro lado, podríamos establecer una similitud entre Ninurta y Heracles.

En el segundo himno homérico a Afrodita (IV, 9), escrito sobre el 630 aC, también menciona dicho material (desconocido para los autores clásicos) cuando describe los pendientes de la diosa. [Contributeurs à Wikipedia, 2010] Por lo que podíamos establecer una relación entre Afrodita y la Atlántida. ¿Se trataba de una ciudadana de dicho lugar?

El culto a Poseidón, muy extendido en la cultura micénica (y en Cnossos), [Ventris y Chadwick, 1973] no era seguido por los minoicos; los cuales rendían culto a deidades femeninas. No en vano, los atenienses, libios y egipcios, poseían vínculos religiosos que los unían con la ciudad de Saïs, donde se rendía culto a la misma diosa libia Neith, o Atenea, o Tanit. [Graves, 1988]

La conclusión es que dado que en Atenas y Troya fue Poseidón rechazado a favor del culto a Atenea, [Graves, 1988] la Atlántida, que debería relacionarse con Poseidón, se relaciona más con la Creta minoica, Troya y con Atenas (y Atenea); mientras que la Grecia micénica está mucho más unida al culto de Poseidón que incluso al de Zeus. [Ventris y Chadwick, 1973]

Se ha establecido que Atenea representaba el estado griego y sus leyes. [Padilla, 2002] Dado que la diosa inventó el arado, [Padilla, 2002] podríamos relacionarla con los mitos sobre anfibios inventores de arados y de la agricultura; y vistas las semejanzas de Enki con Poseidón, todo parece indicar que se trataba de los mismos seres y que dichas disputas eran las mismas que se narran en los mitos sumerios e incluso en *La Biblia*. Atenea, según la mitología, destacó precisamente, como elemento clave para vencer a los gigantes. [Padilla, 2002]

Por otro lado, parece claro que los filisteos fueron asimilados con minoicos y con los descendientes de la "raza de gigantes" que podríamos relacionar con los *anunnaki* sumerios y posiblemente con los "príncipes serpientes" que fueron exterminados de la isla de Punt en el texto egipcio. Como apunte, valga la pena señalar que en la IV dinastía existe constancia documental de que uno de los hijos del faraón Keops (2.589-2.566 aC), el constructor de la Gran Pirámide de Gizeh, tenía un esclavo procedente de la misteriosa tierra de Punt. [Ares, 1998]

Sobre la antigüedad de la Atlántida, es decir, sobre la fecha en la que esta surgiría como civilización, nada se dice en el *Timeo* ni en el *Critias*, solamente se ofrece un dato que permite de manera indirecta ubicar el origen de la Atlántida en unos tiempos remotos, ya que

Poseidón rodeó la colina donde vivía su amada Clito de tres fosos circulares concéntricos que inundó de agua de mar, alternados a su vez con dos anillos de tierra, para hacerla inaccesible a los humanos, puesto que en aquellos tiempos los hombres "aún no conocían el arte de la navegación", [Díaz-Montexano, 2009] Dado que en el año 4.500 aC ya se conocía el uso de la navegación en Mesopotamia, y quinientos años más tarde, se utilizaba la vela en Egipto. [Rodríguez de Miñón, 2010] Podíamos situar su inicio en dicha época; sin embargo en realidad, el ser humano ha navegado desde su pasado más remoto, aunque las pruebas directas más antiguas que nos han llegado de ello correspondan al Mesolítico. A Australia se llegó hace más de 40.000 años desde la costa del Sudoeste cruzando cortos tramos de los estrechos, y muchos homínido tuvieron que atravesar ríos caudalosos y mares muchos miles de años antes, con embarcaciones muy rudimentarias o simples troncos, pero llegaban al otro lado. [Rivadeneira, 2009] Así, en la Isla de Flores (Indonesia) se ha recuperado restos de más de 800.000 años que indicarían que estos paleopobladores eran capaces de navegar. [Huguet Pàmies, 2007] Podíamos pues determinar que Platón nos apunta a una época pre-neolítica, o de finales del paleolítico. [Díaz-Montexano, 2009] Después, más adelante, se nos describe la historia de la civilización de Atlantis como una sucesión de generaciones o dinastías que con el paso del tiempo fueron cada vez más perfeccionando los logros y el poder conseguido por sus predecesores, hasta que alcanzaron un elevado nivel de desarrollo como potencia marítima, y dan inicio a un proceso de invasión, partiendo desde su base junto a las Columnas de Hércules, por todo el Mediterráneo hasta alcanzar los limites de Egipto y Grecia, como es descrito de manera resumida en el *Timeo*. [Díaz-Montexano, 2009] Dicho periodo parece enmarcarse en la Edad de Bronce, [Díaz-Montexano, 2009] siendo importante mencionar que precisamente es en dicho periodo cuando el mundo del mar está relacionado con el tránsito del alma al más allá, en las culturas mediterráneas. [Rodríguez López, 1999]

Se ha relacionado a la primitiva diosa Tyke, la encargada de juzgar las almas, cuyo culto se daba en "el país del extremo de la Tierra" y "cuna de la humanidad"; con la diosa anfibia Onga, que reinaba en "el pueblo más viejo de la Tierra". [Ribero Meneses, 1999] E incluso se ha mencionado que la tradición sobre los 10 duques cántabros (muy probablemente relacionada con la tradición de los diez antiguos ancestros que hemos establecido en los textos bíblicos, sumerios, etc.), pudo surgir del culto a dicha diosa. [Ribero Meneses, 1999] Dado que dicho reino se situaba en la actual península ibérica, [Ribero Meneses, 1999] tal vez ahí resida el motivo de la identificación del *Amenti* con Occidente.[44]

Tal y como hemos mencionado, los textos sumerios mencionan que la llegada de los *nefilim* se produjo cuando la Tierra estaba semicongelada, [Sitchin, 2002] [Benito Vidal, 2003] por lo que debe representar, al menos, una época anterior al 8.300 aC. [Rodríguez de

---

[44] Siendo interesante establecer un vínculo entre dicha civilización y Orión.

Miñón, 2010] Algunos han asociado a la Atlántida una antigüedad similar; ya Estrabón remonta la edad de Tartessos, a una época 6.000 años anterior a su tiempo; y por otro lado, en Iberia han aparecido muchos testimonios de inscripciones grabadas o pintadas en cuevas, dólmenes, y en diversos objetos de hueso y cerámica cuyas fechas se remontan a más de 4.000 aC. [SAIS, 2005 b] E incluso algunos autores han sugerido que existía una escritura lineal alfabética en el paleolítico. [SAIS, 2005 b] Algunas tablillas encontradas en la localidad francesa de Glozel, muestran una escritura primitiva junto a huesos de animales (incluidos marfil de mamut) que apuntan a una antigüedad de más de 7.000 años, lo cual podría ser la prueba de la existencia de una cultura desarrollada en dicha zona. [Fernández, 2001] [Fiebag et al, 2002]

La datación de la batalla de Kurukshetra relatada en el *Mahabharata*, según algunos autores [Vartak, 2004] obliga a sospechar que el poder tecnológico descrito se remonta a un periodo de tiempo similar; sin embargo, la arqueología jamás ha hallado evidencias científicas indiscutibles de que hace 9.000 años existiese una civilización como Atlantis en todo el Mediterráneo ni en el Atlántico ni en ningún otro lugar del Mundo. [Díaz-Montexano, 2009]

Anteriormente se ha mencionado como los textos sumerios describían la necesidad de extraer oro para "sus dioses" [Zillmer, 2000] [Sitchin, 2002] [Benito Vidal, 2003] De igual modo, las descripciones sobre *vimanas*, mencionan explícitamente el uso de mercurio como elemento principal de ignición. [Kanjilal, 1982] ¿Es casualidad que se conociese el uso del mercurio, elemento clave en la extracción de metales preciosos (en especial oro), desde la antigüedad? [Lang, 1999] ¿Es casualidad que las minas de mercurio más importantes del mundo se encuentren en España (Almadén)? [Lang, 1999] Como dato debemos tener en cuenta que posiblemente, Almadén estuviese ya en explotación hace 6.000 años, aunque sus primeras referencias documentadas se sitúan en 490 aC. [Ortega Gironés y Díez Viejobueno, 2003]

En este sentido, merece la pena señalar que en nuestro idioma, y en la mayoría de los de la Europa occidental, la palabra civilización viene del latín *civis*, "ciudad". En chino, sin embargo, el ideograma correspondiente a civilización no deriva de ciudad, sino que está relacionado con el que significa "libro". Los dos conceptos son válidos para caracterizar la civilización, y de hecho están relacionados. En efecto, es prácticamente imposible hacer funcionar cualquier asentamiento humano de una mínima entidad y permanencia (una civis) sin el uso de medios de perpetuación del conocimiento: libros, en un sentido amplio del término. Recíprocamente, la existencia de estos es únicamente posible, y sólo tiene sentido, con la existencia de ciudades. [Ynduráin Muñoz, 2003]

Dado que el conjunto de lo que se conoce comúnmente como civilización (leyes, tribunales de justicia, cultura y un mínimo desarrollo tecnológico) está en relación directa con el uso de la escritura, y de asentamientos humanos permanentes, que puedan permitir conservar y acrecentar el conocimiento y la riqueza. [Ynduráin Muñoz, 2003] Podemos datar la civilización desde el momento que aparece la escritura. [Ynduráin Muñoz, 2003] Ya que todas las civilizaciones de la antigüedad comenzaron a existir en el momento en que aprendieron la forma de escribir su realidad. [Barceló, 2002]

En base a ello, dado que la escritura cuneiforme sumeria tiene una antigüedad de más de 6.000 años [Encyclopædia Britannica, 2010] y la jeroglífica egipcia dio comienzo hace unos 6.000 [Barceló, 2002] Se tienen como las primeras civilizaciones.

Sin embargo, mucho antes ya existían bastantes culturas urbanas, que se pueden rastrear hacia el año 8.000 aC; con ejemplos como Jericó, Giarmo y sobre todo Çatal Huyuk. [Burgio, 2008]

Se ha buscado una relación entre Çatal Huyuk y las posteriores civilizaciones (en Oriente, hasta la baja Mesopotamia, y en Occidente, por Europa y el resto del Mediterráneo); estableciéndola como una "civilización-madre", [Burgio, 2008] en base al alto poder de organización desarrollado por sus sacerdotes. [Gasull y Sanahuja, 1980]

En efecto, sabemos que en dicha ciudad existieron refinados conocimientos técnicos y culturales sobre agricultura, tecnología y religión, de los cuales, desconocemos la procedencia. [Burgio, 2008]

Se ha especulado que se fundó con habitantes de otras ciudades aún más antiguas, localizadas a lo largo de la costa meridional de Anatolia, obligados a abandonar sus propios asentamientos por la elevación del nivel del mar. [Burgio, 2008] Ello coincide con el hecho de que las excavaciones de los años 90, permitieron descubrir que esta ciudad es, por lo menos, 1.000 años más antigua respecto lo descubierto por Mellart, [Burgio, 2008] el cual databa los 12 niveles de ocupación entre el 6.500 y el 5.650 aC, fecha en la cual la ciudad es abandonada definitivamente. [Gasull y Sanahuja, 1980] Por lo tanto, queda claro que pese a que existía un antiguo asentamiento en dicha zona, hasta alrededor del 6.500 aC no se desarrolló y éste desarrollo repentino (desde todos los puntos de vista: demográfico, urbanístico, artístico, religioso, etc.) fue como consecuencia de los aportes exteriores. [Burgio, 2008] Posteriormente, existió un contacto comercial mantenido, sobre todo de obsidiana, entre dicho núcleo urbano y otros similares como Jericó o Ugarit; lo cual implicaba rutas comerciales de más de 800 km. [Gasull y Sanahuja, 1980]

De modo que previos a Çatal Huyuk, existieron núcleos de población (por ejemplo Jericó) y por tanto, es posible que existiera una civilización que hasta hoy, no se ha descubierto.

Lo que resulta evidente, es que en Çatal Huyuk comenzó un control tipo estatal, ejercido por la casta sacerdotal, en la población que luego se traspasó a los Valles del Tigris y Éufrates [Gasull y Sanahuja, 1980] y posiblemente a Egipto. [Ares, 1997]

Otra cuestión a considerar es que las civilizaciones del valle del Indo, Egipto, Sumeria, China (río Huang-Ho), sufrieron un progreso inicial casi simultaneo; [de Toro y Llaca, 1999] lo que refuerza la idea de un modelo "civilizador". Algunos han mencionado que todos los conocimientos caldeos, egipcios, hindúes, chinos, etc., eran restos de las ciencias occidentales que murieron a su vez con la extinción de sus importadores. [Raynaud de la Ferrière, 2008]

Dicho "modelo" fue copiado por otras civilizaciones, ya por ejemplo, la civilización inca, en realidad, únicamente se mantenía (al igual que la egipcia) por los conocimientos de una minoría dirigente conocida como *Intip Churi* ("hijos del sol"). [Aziz, 1978] Los denominados "hijos del pueblo", no podían ir al Yachahuasi, que era el colegio de Cusco y el motivo era porque: "los hijos del pueblo no podían aprender las ciencias, las cuales estaban estrictamente reservadas a los *Intip Churi*". Lo cual, al igual que en Egipto, permitía al estado teocrático, formado por el Inca y sus sacerdotes, mantener el poder sobre el pueblo. [Aziz, 1978]

<u>Referencias bibliográficas:</u>

- Ares N. *¿Dónde está el país de Punt?* Misterios de la Arqueología y del Pasado; 1998. Disponible en: http://www.nachoares.com

- Ares N. *Los sacerdotes egipcios. Contactados con el Cielo.* Misterios de la Arqueología. 1997. Disponible en: http://www.nachoares.com

- Aziz P. *Los secretos de los templos Incas, Aztecas y Mayas.* 3 Volúmenes. Genève. Ed. Ferni y Círculo de Amigos de la Historia; 1978

- Barceló E. *Las pirámides de Egipto.* Ed. Edimat Libros; 2002

- Bedman González T. *Los hicsos: una nueva visión.* VII Congreso Internacional de Egiptólogos. Cambridge; 1995 Disponible en: http://www.institutoestudiosantiguoegipto.com/hicsos.htm

- Benito Vidal R. *Historias mágicas de los dioses sumerios.* 2003. Madrid. Ed. Edimat Libros

- Burgio I. *"L'ira del dio del mare": lo tsunami provocato dall'Etna 8000 anni fa e la citta' sommersa di Atlit-Yam.* 2008. Disponible en: http://www.cataniacultura.com

- Colaboradores de Wikipedia. *Orichalcum.* Wikipedia, La enciclopedia libre; 2010 jun 23, 03:28 UTC [consultada julio 2010]. Disponible en: http://es.wikipedia.org/w/index.php?title=Orichalcum&oldid=38276784.

- Contributeurs à Wikipedia. *Orichalque.* Wikipédia, l'encyclopédie libre. 2 julio de 2010. Disponible en: http://fr.wikipedia.org/w/index.php?title=Orichalque&oldid=54861146

- de Toro y Llaca C. *La evolución de los conocimientos astronómicos a través de la historia.* Inst. Astron. Geod. 1999; (194): 1-57, 40 Ref

- Díaz-Montexano G. *¿Es Realmente la Atlántida una Civilización Mítica?* 2006. Disponible en: http://georgeos-diaz-montexano.blog.com.es/

- Díaz-Montexano G. *Atlantis contra Atenas ¿9000 años antes de Solón?* 2009. Disponible en: http://www.antiquos.com

- Díaz-Montexano G. *Falacias, errores y conjeturas más comunes sobre la Atlántida de Platón, no documentadas en las fuentes primarias.* 2007. Disponible en: http://blogs.elcorreo.com

- Díaz-Montexano G. *Tartessos-Atlantis delante de Gibraltar entre Iberia y África*. 2000. Disponible en: http://georgeos-diaz-montexano.blog.com.es/
- Encyclopædia Britannica. *Cuneiform*. Encyclopædia Britannica Online. 2010. Disponible en: http://www.britannica.com/EBchecked/topic/146558/cuneiform [consultada febrero 2010]
- Fernández L. *Crónicas del misterio*. Ed. EDAF; 2001
- Fiebag P, Gruber E, Holbe R. *Enigma-Die Grossen Rätsel unserer Welt* (6 tomos). 2002. Múnich. Ed. Wissen Media Verlag
- Fornieles Medina MF. *De Troya a la Atlántida, pasando por Creta*. Temas para la Educación. 2009; n° 4
- Gasull Vilella MJ, Sanahuja Yll ME. *La obsidiana: fuente del poderío de Catal Huyuk*. Mem. Hist. Antig. 1980;4: 7-11
- Graves R. *Los mitos griegos Vol I*. 2005. 2° edición. Ed. Alianza
- Graves R. *Los mitos griegos Vol II*. 1988. Ed. Alianza
- Huguet Pàmies R. *Primeras ocupaciones humanas en la Península Ibérica: Paleoeconomia en la Sierra de Atapuerca (Burgos) y en la Cuenca de Guadix-Baza (Granada) durante el Pleistoceno Inferior* [Tesis Doctoral]. Universitat Rovira i Virgili. Fecha de la defensa: 8-03-2007
- Kanjilal DK. *Ciudades submarinas y espaciales en los antiguos textos sánscritos*. Mundo Desconocido. 1982; (6) 70 (abril). Disponible en: http://www.antiguosastronautas.com/articulos/Kumar_Kanjilal01.html
- Lang MF. *Azoguería y amalgamación: Una apreciación de sus esencias químico-metelúrgicas, sus mejoras y su valor tecnológico en el marco científico de la época colonial*. Llull: Revista de la Sociedad Española de Historia de las Ciencias y de las Técnicas. 1999; 22 (45): 655-673
- Martínez M. *Las Islas de los Bienaventurados: Historia de un mito en la literatura griega arcaica y clásica*. Cuadernos de filología clásica: Estudios griegos e indoeuropeos. 1999; n°9: 243-279
- Molina Vidal J. *Grecia. Mundo micénico. Introducción histórica*. Biblioteca Virtual Miguel de Cervantes; 2004
- Moreu CJ. *The sea peoples and the historical background of the Trojan war*. Mediterranean Archaeology. 2003; 16: 107-124
- Oliva J. *¿Quiénes eran los hurritas?* Panta Rei. 1999; I época, n° 4

- Orta de Lys S. *Los Atlantes: Âdityas y Sâdhus*. Tartessos.info. 2006. Disponible en http://www.tartessos.info
- Ortega Gironés E, Díez Viejobueno C. *Estudio del distrito minero de Almadén (Ciudad Real, España)*. En: Remy F, y McMahon G. (editores). *Grandes minas y la comunidad. Efectos socioeconómicos y ambientales en Latinoamérica, Canadá y España*. Ed. Alfaomega/IDRC/Banco Mundial; 2003
- Padilla MR. Dioses mitológicos. 2002. Madrid. Ed Edimat Libros
- Raynaud de la Ferrière SJ. *Libro Negro de la Francmasonería*. 2008. Disponible en: http://www.sergeraynauddelaferriere.net
- Ribero Meneses JM. *Los diez "duques" cántabros*. Diario Alerta. Domingo 3/01/1999, p-44
- Ribero Meneses JM. *La edad anfibia*. Ed. Ediciones de Cámara; 2001
- Rivadeneira KJ. *Historia de la navegación marítima*. 2009. Disponible en: http://www.monografias.com
- Rodríguez de Miñón A. *Cronología de nuestro mundo*. 2010. Disponible en: http://www.diomedes.com
- Rodríguez López MI. *Mar y Mitología en las culturas Mediterráneas*. Madrid. Ed. Alderaban Ediciones; 1999
- Rodríguez Sánchez JJ. *La Atlántida, la última heredera de un antiguo legado*. Tartessos.info. 2010. Disponible en http://www.tartessos.info
- SAIS (Scientific Atlantology International Society) *La Atlantida de Platon y Tartessos en una inscripción de 6000 años hallada en Iberia*. 2005. Disponible en: http://DiscoveryAtlantis.sytes.net (referencia a)
- SAIS (Scientific Atlantology International Society) *Nuevos datos paleográficos cuestionan el gran tamaño aceptado para la Atlántida de Platón*. 2005. Disponible en: http://DiscoveryAtlantis.sytes.net (referencia b)
- Sánchez Rodríguez A. *El Cuento del Náufrago*. Ed. Ediciones ASADE (Asociación Andaluza de Egiptología); 2006
- Scott C. *Los hititas*. Ed. Edimat Libros; 2003
- Schulten A. *Tartessos. Contribución a la historia más antigua de Occidente*. 1924. Disponible en: http://www.tartessos.info
- Sitchin Z. *El doceavo Planeta*. Barcelona. 2002. Ed. Obelisco

- Temple R. *El misterio de Sirio. Nuevas pruebas científicas de contactos con extraterrestres hace 5.000 años*. Ed Timun Mas; 1998
- Torrecilla Fraguas M. *Investigación sobre la lengua y la escritura sumeria del período presargónico de Lagas.* Alicante. Ed. Club Universitario; 2004
- Torrent FJ. *El legado hermético de la antigüedad.* Ed. Bubok Publishing; 2008
- Ventris M, Chadwick J, *Documents in Mycenaean Greek.* Cambridge. Ed. University Press; 1973
- Zillmer H-J. *Darwin se equivocó.* Ed. Timun Mas; 2000

CAPÍTULO X: ¿Relatos de ciencia-ficción?

Se ha mencionado alguna vez, que la ciencia ficción es mucha ficción y poca ciencia, [Paz Luna, 2004] atribuyéndose dicha creación a un producto literario reciente. [Pérez Rodríguez, 2007]

No obstante, los mitos griegos no han enseñado que dichos relatos de ciencia ficción no son algo novedoso y los poetas griegos (desde Homero) describen una época fantástica anterior a la historia escrita, una época de dioses y de héroes, de monstruos y de guerras épicas que hasta comienzos del siglo XX, se creía que se trataba solo de mitos y fábulas legendarias, pero que primero Heinrich Schliemann, luego un estudioso inglés, llamado Arthur Evans, y finalmente Spiridón Marinatos, nos enseñarían la existencia real de la Troya de Homero, el poderío de Micenas, la cultura minoica, constructora del mítico laberinto del Minotauro y probable nación de los desaparecidos habitantes de la Atlántida, la antigua civilización insular de extraordinario poderío comercial y político. [Fornieles Medina, 2009]

¿Pudiera ser que los relatos sumerios, sánscritos, etc., fuesen algo semejante?

Lo cierto es que pese a las descripciones tecnológicas que hemos planteado, jamás se ha encontrado una evidencia clara de dichos aparatos. Tal vez fuese algo semejante a lo ocurrido con autores como Julio Verne, quien describió submarinos nucleares, la trayectoria de un vuelo hacia la Luna (desde Florida), el helicóptero, ¡incluso internet!, como si fuesen hechos cotidianos que aunque desconocidos para el público en general, eran ideas que flotaban en el ambiente científico de la época. [Pérez Rodríguez, 2007] Verne no era científico, pero sí estaba muy bien informado de las novedades científicas y tecnológicas de su tiempo. Era un asiduo visitante de diversas bibliotecas especializadas y tomaba abundantes notas en pequeñas fichas personales que le sirvieron para ser casi un experto en los temas que luego utilizó en sus novelas. Es posible que esto le hiciese acreedor del erróneo papel de "inventor" de algunos artefactos que aparecen en sus novelas que, simplemente, son elaboración y reflejo literario de algo ya existente en su época y que Verne conocía por su trabajo en bibliotecas y por los contactos con sus amigos científicos o viajeros exploradores. [Pérez Rodríguez, 2007]

¿Poseían en la antigüedad los conocimientos teóricos para pensar en desarrollar objetos tecnológicos?

Los orígenes de la ciencia y la tecnología actual se remontan a los siglos XVIII y XIX, impulsados por la revolución científico-técnica o industrial llevada a cabo en algunos países de Europa. [Estrada Cingualbres et al., 2005] Es decir, que las innovaciones tecnológicas permitieron sustituir la mano de obra animal y humana por maquinaria y por tanto, la fuerza animal por fuerza mecánica, [Landes, 1979] Dichas innovaciones obligaron a incrementar la necesidad de energía y posteriormente, a desarrollar nuevas fuentes de energía, iniciándose en el carbón y pasando por la energía eléctrica y finalmente llegando hasta el uso de energía nuclear. [Chaves Palacios, 2004] Todo ello en tan sólo 250 años. [45]

¿Podemos suponer que se pudo producir en la antigüedad un desarrollo similar?

Se ha dado como cierto que la Biblioteca de Alejandría fue donde los hombres reunieron por primera vez de modo serio y sistemático el conocimiento del mundo; en aquel lugar hace más de 2.000 años las mejores mentes de la antigüedad establecieron las bases actuales del estudio sistemático de la matemática, la física, la biología, la astronomía, la literatura, la geografía y la medicina. [Sagan, 1982]

Un ejemplo del inmenso nivel tecnológico de la época, lo encontramos en el denominado mecanismo de Anticitera, una computadora analógica de más de 2.000 años y en los relatos que cuentan como (mediante el uso de engranajes) Arquímedes ganaba las batallas. [Rodríguez et al., 2002] Ello nos hace plantearnos si realmente no existía, desde la más remota antigüedad, un conocimiento extenso, sólo patrimonio de una minoría, en especial si tenemos en cuenta la existencia de bibliotecas similares, pero mucho más antiguas, como las de Isin, Ur, Nippur, Siria, Asurbanipal o la de Nínive; las cuales acabaron todas destruidas (al igual que los papiros de Ramasseum, el libro de Thot, etc.). [Báez, 2004]

---

[45] La Revolución Industrial solo duró 200 años, a la cual siguió la era Eléctrica que duró apenas 25 años y ahora estamos en la era de la Información desde hace 20 años. [Estrada Cingualbres et al., 2005]

Algunos avances en medicina y astronomía descritos en Egipto [Verdú-Vicente, 2004] [Verdú-Vicente, 2006] [Verdú-Vicente, 2008] y Sumeria [Kramer, 1985] [Sitchin, 2002] nos permiten advertir que existía un nivel de conocimientos importante y ejemplo de lo anterior se refleja en las crónicas referidas por Ticídides (Teuclides), sobre la guerra entre Siracusa y Atenas; donde se mencionan a buzos atenienses. [Morales Gamboa, 2007] O las aún más antiguas representaciones del palacio de Asurbanipal II en Nimrud, donde se aprecian en sus bajorrelieves numerosos submarinistas que utilizan odres hinchados como cámaras de aire para respirar (ver figuras 26 y 27), [Morales Gamboa, 2007] e incluso para flotar o planear. [Encarta, 1999] Lo cual se puede comprobar visitando el Museo Británico (ver figura 25). Ejemplos como los vistos en los relieves de Nimrud y Nínive (ver figuras 23 y 24), nos permite advertir que existía un conocimiento elevado [Kramer, 1985] [Sitchin, 2002] Lo cual hace suponer que, en efecto, la humanidad o al menos, una parte de ella, en tiempos muy remotos, pudieron poseer un conocimiento técnico. [Pauwels y Bergier, 1972]

El que dichos conocimientos no formasen parte de la mayoría, también lo tenemos como ejemplo en Alejandría, ya que no hay noticia en toda la historia de la Biblioteca que alguno de los ilustres científicos y estudiosos desafiase seriamente a los poderes políticos y religiosos, de modo que es evidente que la ciencia y la cultura seguían reservadas para unos cuantos privilegiados y la vasta población de la ciudad no tenía la menor idea de los grandes descubrimientos que tenían lugar dentro de la Biblioteca. Así por ejemplo, los nuevos descubrimientos en mecánica y en la tecnología del vapor no fueron explicados ni popularizados y se aplicaron principalmente a perfeccionar las armas y estimular la superstición. [Sagan, 1982]

Algunos textos esotéricos, mencionan que "el árbol de la ciencia del bien y del mal" mencionado en el *Génesis* era una especie de enciclopedia. Pero debido a numerosos cataclismos que devastaron igualmente la sociedad que los poseía, dichos conocimientos fueron extraviados y destruidos muchas veces, los cuales reconstruidos penosamente en fragmentos inciertos, cayeron en el empirismo, en la hechicería, la magia, las mitologías, etc. [Raynaud de la Ferrière, 2008]

Figura 23. Escena de los relieves del palacio de Asurbanipal II en Nimrud, donde se aprecia un vehículo acorazado. British Museum

Figura 24. Escena de los relieves del templo de Senaquerib, Nínive. Donde se aprecia un ariete usado en la conquista de la ciudad de Laquis (701 aC). British Museum

Figura 25. Escena de los relieves del palacio de Asurbanipal II en Nimrud, donde se aprecia como unos soldados asirios llevan un carro a la otra orilla del río, mientras que un hombre (arriba a la izquierda) flota sobre una piel inflada. British Museum.

Figura 26. Escena de los relieves del palacio de Asurbanipal II en Nimrud, donde se aprecia como unos fugitivos del asedio de una ciudad (siglo IX aC), cruzan un foso con pieles de cabra o vejigas. British Museum.

Figura 27. Escena de los relieves del palacio de Asurbanipal II en Nimrud. Donde se observa como unos soldados asirios asaltan una ciudad fortificada (siglo IX aC.) nadando a través de un río usando pieles infladas de animales. British Museum.

El conocimiento es la herramienta más poderosa de la humanidad, nuestra civilización es tan prospera gracias a la capacidad de legar el conocimiento acumulado por las anteriores generaciones y en prácticamente todas las disciplinas humanas dependemos de las bases que han ido acumulando las generaciones anteriores. [Rodríguez Sánchez, 2010] Así, desde el Renacimiento el conocimiento y los saberes han sido puestos a disposición del gran público. [Rodríguez Sánchez, 2010] Actualmente dependemos totalmente de la sociedad, somos seres dependientes de las cadenas de distribución, de la economía, de toda una serie de enlaces que han de ir unidos para mantener nuestra tan querida civilización tecnológica. En el caso de que tuviéramos que regresar simplemente al punto que estábamos hace 100 años tecnológicamente hablando, esta civilización no se podría sostener, entre otras causas simplemente por la masa poblacional que hoy tenemos. [Rodríguez Sánchez, 2010]

De igual modo ocurriría con todo lo que hay montado en los saberes del hombre, no hay quien abarque todas las disciplinas a nivel puntero a un tiempo, ni tan siquiera a un nivel básico. Probablemente para mantener ese conocimiento, la sociedad estaba estratificada y tendrían acceso a él solo ciertas castas de iniciados que se organizarían de una manera hermética como forma de supervivencia de ese propio saber. [Rodríguez Sánchez, 2010]

Por tanto en el caso de un cataclismo, pese a que no perdiera todo de forma inmediata, y es muy probable, que por un tiempo, pequeños grupos mantuviesen una limitada capacidad técnica; pero ya que no habrían ingenieros, físicos, matemáticos, etc. Toda sociedad tecnológica finalmente, se habría venido abajo. [Rodríguez Sánchez, 2010]

Sin embargo, en los escritos y documentos, se seguiría manteniendo cierto nivel tecnológico y tal vez por ello, se pudiese de forma puntual, realizar alguna proeza o describir detalles tecnológicos que siglos después, quedaron como mitos. [Sendy, 1979]

En un fragmento del *Timeo*, se argumenta como en Atenas se han dado diversas destrucciones por fuego y agua, además de otras menores, y que no ha pervivido rastro alguno de los hechos pasados ya que los que sobrevivieron ignoraron la escritura por muchas generaciones. [Rodríguez Sánchez, 2010]

¿Podrían ser los *anunnaki* y *elohim* descritos, lejos de ser seres procedentes de ignotos y lejanos puntos en nuestro universo, el recuerdo de miembros de una cultura global desarrollada?

Resulta curioso que las leyendas de Pohpei, isla de la cual ya hemos mencionado su más que extraña relación con ciudades submarinas, se describen con claridad el uso de elementos tecnológicos. Así mencionan a Kanekin Zapatan, descendido desde las alturas (de un lugar desconocido) y acompañado de un grupo de personas que "sabían volar" utilizando algo que denominaban "sacos voladores", vehículos volantes de gran movilidad con capacidad para un solo tripulante y que incluso, algunas narraciones refieren combates entre varios de estos sacos voladores. [Faber-Kaiser, 1991] Las descripciones de los tripulantes, mencionan el uso de cascos, [Faber-Kaiser, 1991] e incluso, la posibilidad de un cinturón de seguridad, ya que la tradición menciona: "Metió a la mujer en el cabello y alrededor de él ajustó el nudo". [Faber-Kaiser, 1991] Es decir que le puso el casco (el cabello) y le ató el nudo (del cinturón). En relación con este tema, Masao uno de los habitantes de la isla y conocedor de la tradición, afirmaba que dichos seres no volaban propiamente, sino que "penetraban en grandes pájaros, pronunciaban palabras mágicas, el pájaro se alzaba y volaba con ellos dentro". Además asegura que "construyeron pájaros voladores con árboles". [Faber-Kaiser, 1991]

Por medio de estas descripciones, vemos que no se está mencionando a seres de aspecto anfibio, en todas las tradiciones de la isla, únicamente aparece un ser anfibio (¡un pulpo hembra de nombre Letakika!) cuando los primeros habitantes llegaron (en barca) a la isla. [Faber-Kaiser, 1991] Las posteriores descripciones de contactos con "constructores, ingenieros, arquitectos extraordinariamente inteligentes y dotados de poderosos recursos mágicos", [Faber-Kaiser, 1991] mencionan a gigantes o bien a seres de talla extremadamente pequeña. [Faber-Kaiser, 1985]

Lo cual, resulta coincidente con estudios efectuados por diversos investigadores (Vicente J. Ballester; Jarder U. Pereira; James McCampbell), que mencionan que los tripulantes observados en

OVNIs son predominantemente de estatura pequeña, cercana a 1,20 m (53% de los casos), o de estatura normal (40% de los casos), siendo de estatura superior a dos metros únicamente el 7%. [López y Ares de Blas, 1981] Lo cual concuerda con lo mencionado por el abducido Fabian en su relato sobre los habitantes de la ciudad submarina que vio. [Iurchuk, 2003]

Entonces, ¿qué ocurre con los seres anfibios descritos en tantos relatos?

La idea de un traje que proporcione un aspecto anfibio, no es algo imposible, de hecho, en la actualidad existe algún caso donde se ha utilizado para la rehabilitación en amputados, [ABC, 2009] y la denominada "férula de sirena" (*mermaid splint*) para la corrección de deformidades axiales de las rodillas recuerda la forma de una sirena [Villar Rodríguez, 2000].

La mención en algunos relatos de que los seres de aspecto anfibio se "quitaban la piel", [Velásquez Zea, 2008] pone de relieve la posibilidad de que se tratase del uso de un traje. De hecho, en las tradiciones de Sumeria, también se cuestiona que en realidad se tratase de seres anfibios. En *La leyenda de Adapa* se menciona que Uanna Adapa aparece con A-lulim, el primer rey, bajo el aspecto de un hombre llevando un traje en forma de pez y en el fragmento de Heladio, se afirma que en realidad era un hombre pero parecía que no, porque estaba vestido con "la piel de un animal marino". [Temple, 1998] Por lo cual es probable que la apariencia anfibia o reptiloide de los seres que los dirigían pudiese haber sido confundida con trajes similares a los de buceo, todo llenos de tubos y especies de neoprenos. [García Bautista, 2000] En éste sentido, hay que recordar la leyenda que popularizó Beltrán García, descendiente del escritor Garcilaso de la Vega, sobre "Orejona" descrita como un ser humano de aspecto "desde los pies hasta los senos", igual que las mujeres actuales, pero los dedos eran palmeados y la cabeza poseía una forma cónica, de la que sobresalían dos superficies redondeadas a ambos lados (lo que insinúa el uso de casco y un traje submarino), miembro de una raza de seres humanos muy evolucionados, palmípedos y con una sangre "diferente a la nuestra" que se asentaron en Tiahuanaco. [Aziz, 1978] Dicha descripción, también aparece en el Japón, referida a unos seres denominados *kappas* los cuales son descritos como anfibios, aunque con características propias del ser humano con un traje de buceo (pies palmeados, manos en forma de guante, escafandras, tubos, etc.) [Casero, 2010] [McGray, 2008] [Danyans, 1980] que bien podría estar relacionada con algunas figuras similares de la ciudad Maya de Tikal. [McGray, 2008]

Hay constancia de la existencia de dichos trajes anfibios, ya que fueron utilizados por los médicos como símbolo del dios Enki, tal y como queda recogido en el texto sumerio denominado *Mushu'u* de principios del segundo milenio aC. [CSIC; 2007]

Figura 28 . Amuleto asirio

Figura 29. Detalle del anterior amuleto asirio en el que aparecen dos exorcistas en traje de pez (que representaría a Enki o a Oannes) realizando un tratamiento de *Mushu'u*, (Masajes).

Precisamente, debido a que cualquier sociedad recibiría un shock mental peligroso frente al contacto con seres de otro planeta y que las consecuencias de un contacto formal estarían fuera de control. [Munnshe, 1998] Es más que probable que dichos seres usasen un "disfraz" con el que aproximarse a nosotros, [Munnshe, 1998] siendo probable que no fuese su verdadera forma, y ni siquiera es seguro que fuese una de tipo humanoide. [Munnshe, 1998]

Pero de igual modo, el uso de un traje posibilitaría la confusión y relación con un ser superior. Existe un detalle que llama poderosamente la atención; si examinamos algunos (de los innumerables) inventos de Leonardo da Vinci, pronto nos damos cuenta que coincide, casi a la perfección con la descripción de los *kappas* y "Orejona" (ver figuras 30 y 31). Si tenemos en cuenta que da Vinci fue masón y que aplicó en sus cuadros la geometría sagrada para "influir al mundo." [Baigent y Leigh, 2005] Podemos intuir que, dado que desarrolló ideas muy adelantadas a su tiempo (el helicóptero, el carro de combate, el submarino, el automóvil), e hizo progresar mucho el conocimiento en las áreas de anatomía, la ingeniería civil, la óptica y la hidrodinámica; [Bortolon, 1967] [Gardner, 1970] [Vasari, 2009] la inspiración en esas ideas se encontraba en textos muy antiguos. Lo que nos incita a pensar que, en realidad, todos los seres anfibios descritos sea probable que fueran humanos disfrazados; y nos invita a pensar la posibilidad de que existiese, ya en la más remota antigüedad, un conocimiento oculto, sólo reservado a iniciados, y que se hubiese ocultado durante mucho, mucho tiempo; ya que los sumerios, pese a las descripciones realizadas de sus dioses y sus tecnologías, nunca contaron con medios similares para su quehacer cotidiano; de igual modo, la Atlántida descrita por Platón, no menciona ningún tipo de súper-tecnología ni de que los atlantes hayan sido portadores y/o transmisores de ningún arcano y misterioso poder. [Díaz-Montexano, 1997]

Figura 30. Aletas de mano para el buceo y la natación, diseñadas por Leonardo da Vinci.

Figura 31. Uno de los trajes de buceo diseñado por Leonardo da Vinci, el cual consta de una chaqueta de aviador, pantalones y una máscara con gafas. La protuberancia en la cazadora, una bolsa de cuero estaba destinada contener el suministro de aire, con el apoyo de una estructura de círculos de hierro. Apreciese el enorme parecido con la descripción de los *kappas* japoneses.

Los sacerdotes egipcios hacían gala de un gran poder político y económico. Sin embargo, el conocimiento que poseían del mundo que les rodeaba les hizo ser aún mucho más poderosos ya que no había nada que desconocieran los sacerdotes egipcios, aunque el estudio de aquellos conocimientos única y exclusivamente pasaban de un sacerdote a otro por transmisión oral (y hoy tan solo conservamos lo espectacular de sus resultados). [Ares, 1997] Por ello la medicina y matemáticas que nos han sido transmitidas a través de varios papiros escolares son sin lugar a dudas un porcentaje muy pequeño de los conocimientos que sobre esta ciencia debieron de tener, prueba de ello es el aparente desconocimiento de la polea y la rueda (hasta la invasión de los hicsos hacia el año 1700 aC) pese a los múltiples contactos con Mesopotamia (desde el tercer milenio aC). [Ares, 1997] pese a que sabemos que los sacerdotes utilizaban desde milenios la rueda para los carros de los altares de sus dioses. [Barceló, 2002] De hecho, hay constancia que los egipcios tenían prohibido (bajo la pena de muerte) mostrar los secretos de la fundición del hierro,[46] [Barceló, 2002] Por lo que es obvio que conocían secretos y poseían inventos que no llegaron al pueblo. [Barceló, 2002]

Probablemente, buscando dicho conocimiento en Guadar, al margen del Golfo Pérsico, Alejandro Magno y Nearco, realizaron una inmersión mediante una máquina compuesta por dos barcas, la una invertida sobre la otra y unidas por tablones con varias capas de betún

---

[46] Se asegura que dicho secreto llegó a Europa desde allí a través de las cruzadas. [Barceló, 2002]

para revestirlas completamente (salvo donde estaban los orificios redondos provistos de vidrio incoloro y la abertura inferior por la que se introducían a la nave). Y observaron los secretos de los misteriosos reinos submarinos, bajo la mirada de Aristóteles que, en la superficie, contemplaba la escena inmóvil y silencioso. [Morales Gamboa, 2007]

Dada la relación de Oannes (y otros seres semejantes), con el mar de Eritrea, [Temple, 1998] no resulta extraño pensar que lo que realmente estaba buscando fuese su morada o ciudad submarina, lo que al parecer no consiguió ya que al salir le mencionó a Aristóteles: "No hay diosas bajo el mar, sino demonios de alas negras y monstruos fantásticos que disputarán sus prodigiosos reinos aun ininteligibles a los mortales que sigan un día el camino que yo les he señalado." [Morales Gamboa, 2007] Lo que también resulta significativo es que la inmersión la realizó cuando llegó al Panyab hindú, zona donde se desarrolló la civilización del valle del Indo con ciudades tan avanzadas como Mohenjo Daro y Harappa, las cuales alrededor del año 2.350 aC, mantenían contactos con Mesopotamia, como lo indica la presencia allí de sellos de Harappa en época del gobierno de Sargón I. [Blázquez, 1995] Lo que nos induce a creer que también esas ciudades fueron "instruidas" por seres que "salieron" del mar, algo que podría relacionarse con la existencia de sellos religiosos (aunque muy pocos), donde se observan las imágenes de un varón que tiene triple rostro, con los brazos y las manos con los pulgares dirigidos hacia adelante (sentado sobre un taburete indio, en la típica actitud de yoga) que se ha relacionado con Siva. [Blázquez, 1995] En otro sello, aparece otra deidad en la postura yogui, acompañada por dos *nagas* con las manos levantadas en gesto de oración. [Blázquez, 1995] El hecho de que se haya encontrado alguna imagen (atribuida a Siva) en un periodo anterior a la existencia de Harappa, ha sido atribuido a la posibilidad de un origen más antiguo o más probablemente, una procedencia periférica o extraurbana para esta deidad (lo que justificaría su escasez en los sellos). [Blázquez, 1995] Resulta significativo el comprobar su relación de dichas divinidades con las posturas de yoga, así como con *nagas* (las cuales debemos recordar son mitad humanos mitad serpiente, que viven en ciudades subterráneas y se relacionan con fuentes, ríos y lagos [Fiebag et al., 2002]); lo que nos induce a sostener la teoría de que también en dicha zona se produjo una acción civilizadora por parte de estos extraños personajes. Lo que parece indudable es que tanto Aristóteles (cuya formación estaba claramente influida por Platón y los pitagóricos) como Alejandro asociaron la desembocadura del Indo con la zona descrita por autores clásicos como el punto del mar de Eritrea de donde surgieron los civilizadores sumerios. Además, debemos recordar que el propio Beroso (que dio a conocer la historia de Oannes), menciona que vivió en la época de Alejandro Magno (y de hecho, su cronología termina en dicho personaje). [Temple, 1998]

La prueba de que en efecto, pudo existir un nivel tecnológico en los albores de la historia, podemos encontrarlo en Medzamor, descubierta en 1968 y que constituye la fábrica más antigua del mundo hasta la fecha, situada a mil kilómetros de Çatal Huyuk, es probable que la leyenda de los sacerdotes del fuego, sea el recuerdo de los obreros [Pouwels y Bergier, 1972] de un complejo metalúrgico que data del tercer milenio aC, [Pouwels y Bergier, 1972] [Temple, 1998] y en el cual ya existían obreros enguantados que se cubrían la boca con un filtro protector para trabajar los metales. [Pouwels y Bergier, 1972] Tal vez lo más importante de dicho complejo sea el uso de la pinza Brucelles, de acero, de la que se han encontrado muchos modelos en capas correspondientes a principios del primer milenio (aC). El motivo de su importancia no es que sea de acero (cosa que es bastante curiosa), sino que La Brucelles, es una especie de pinza de depilación, lo que permite al químico y al relojero sujetar los microobjetos que son incapaces de manipular, [Pouwels y Bergier, 1972] por lo que su existencia implica un uso para actividades muy precisas. [Pouwels y Bergier, 1972]

Otro dato referente a Medzamor es que también se descubrieron una serie de complejos de plataformas para observar las estrellas, de las cuales tres se han conservado bastante bien. [Parsamian y Mkrtchian, 1969] [Parsamian, 1988] La estrella más adorada y que más información tiene recopilada es Sirio. [Parsamian, 1999] De hecho, los arqueólogos han llegado a la conclusión que dicho lugar era un centro de adoración de la estrella Sirio. [Temple, 1998] Lo cual al igual que posteriormente en Egipto, servía como calendario agrícola. [Parsamian, 1999] Además, se ha especulado que el calendario zodiacal tuviese aquí su inicio (y no en Babilonia). [Parsamian, 1999]

Actualmente se considera a Medzamor un centro industrial, astronómico y científico que contaban con una escritura jeroglífica llena de signos cabalísticos, los cuales se han encontrado en otros lugares de Armenia, y se pueden remontar al Neolítico. [Temple, 1998]

No se sabe cómo es posible que en la antigüedad, astrónomos y matemáticos lograran discernir la mecánica celeste sin aparatos tecnológicos. [Martínez, 2003] Aunque se sabe que pudieron crear a modo de computadoras o medidores temporales algunos monumentos en piedra. [Martínez, 2003] Un ejemplo de estos toscos pero eficaces observatorios del cosmos, nos traslada a un periodo que para la mayoría de personas resulta increíble: el observatorio ovoide de Moldavia posee una antigüedad de ¡más de 42.000 años! [Martínez, 2003]

La relación entre agricultura y los signos del zodíaco resulta evidente en la antigüedad, ya que todos son protagonistas metafóricos de la historia de la agricultura, cuyas aventuras codificaban las etapas por las que pasaba la agricultura, desde que se enterraba la semilla, germinaba la vegetación y florecía gracias a las lluvias y seguía hasta que se recolectaban los frutos de la cosecha. Y cuya muerte y resurrección se conmemoraba en fiestas. [Martín-Cano, 2002] [Martín-Cano, 2001] [Husain, 1997] [Campbell, 1991] [Bernabé, 1987] [Frazer, 1981]

Por otro lado, también resulta evidente la relación entre el grano y el pez; de hecho, en algunos idiomas dicha palabra es la misma (como por ejemplo *dagan*). [Temple, 1998] [Knight, 1999]

Lo que no resulta tan fácil de explicar es la relación entre un ser anfibio y la agricultura. Algunos lo achacan a un error de etimologías (como en el caso de *dagan*), [Knight, 1999] También es probable que la espiga, la cual parece representar el cuerpo de Atargatis (ver figura 14) pudiese confundirse con los anfibios descritos en las crónicas de Beroso. De un modo u otro, todos los estudiosos están de acuerdo que tanto la etimología como el culto de dichos seres, se importaron de Babilonia. [Knight, 1999]

Probablemente, la asociación de dioses (diosas en realidad) con estrellas se produjo antes del descubrimiento de la agricultura, [Martín-Cano, 2002] siendo probable que se asociaran con animales de la zona (toros, etc.). En las zonas marítimas, lo más probable es que se asociaran con animales marinos, ya que por ejemplo en Australia, los aborígenes asociaron sus constelaciones con seres acuáticos (rayas, tiburones); destacando uno en concreto que representa a un gran pez con mamas símbolo de la estrella Cruz del Sur (asociado a una diosa) arponeado por dos hombres (estrellas a y b de centauro) [Martín-Cano, 2002] Lo cual parece ser una representación del mito de Oannes feminizado.

Dado que todo nos hace suponer la existencia de una cultura madre de Sumeria y Egipto no demasiado alejada del Ponto Euxino (mar Negro). Tal vez en ella, se encuentre el origen de los misteriosos seres anfibios descritos en todas las mitologías…

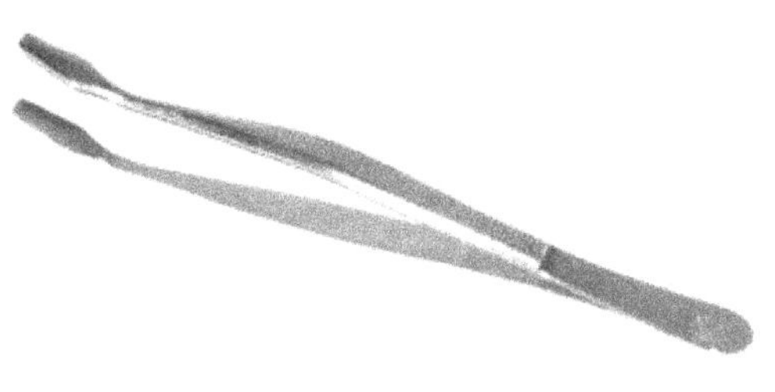

Figura 32. Pinza de *La Brucelle* moderna.

Referencias bibliográficas:

- ABC. *Una mujer discapacitada utiliza una cola de sirena para nadar.* Diario ABC. Madrid. 4-3-2009

- Ares N. *Los sacerdotes egipcios. Contactados con el Cielo.* Misterios de la Arqueología. 1997. Disponible en: http://www.nachoares.com

- Aziz P. *Los secretos de los templos Incas, Aztecas y Mayas.* 3 Volúmenes. Genève. Ed. Ferni y Círculo de Amigos de la Historia; 1978

- Báez F. *Historia universal de la destrucción de libros: de las tablillas sumerias a la guerra de Irak.* Ed. Destino; 2004

- Baigent M, Leigh R. *Masones y Templarios.* Barcelona. Ed. Círculo de Lectores; 2005

- Barceló E. *Las pirámides de Egipto.* Ed. Edimat Libros; 2002

- Bernabé A. *Textos literarios hetitas.* Madrid. Ed. Alianza Editorial; 1987

- Blázquez JM. *La cultura del valle del Indo.* Revista de arqueología. 1995; 16 (172)

- Bortolon L. *The Life and Times of Leonardo.* Londres. Ed. Paul Hamlyn; 1967.

- Campbell J. *Las Máscaras de Dios: Mitología primitiva.* Madrid. Ed. Alianza Editorial; 1991

- Casero CE. *Los Kappas.* Disponible en: http://www.paleoastronautica.com/039_kappas.html [consultada enero 2010]

- Chaves Palacios J. *Desarrollo tecnológico en la Primera Revolución Industrial.* Norba. Revista de historia. 2004; 17: 93-109

- CSIC. *Un estudio del CSIC reconstruye tratamientos curativos mediante conjuros y masajes de hace 4.000 años.* Madrid, 27 de marzo, 2007. Ed. Departamento de Comunicación CSIC. Disponible en: www.csic.es/prensa

- Danyans E. *OVNIS: Enigma del espacio.* Ed. Plaza & Janes; 1980

- Díaz-Montexano G. *Falacias, errores y conjeturas más comunes sobre la Atlántida de Platón, no documentadas en las fuentes primarias.* 2007. Disponible en: http://blogs.elcorreo.com

- Encarta. *Relieve Asirio.* Ed. Microsoft Corporation; 1999

- Estrada Cingualbres RJ, Álvarez Cabrales A, Pacheco Gamboa R. *Análisis sobre el desarrollo tecnológico y su repercusión en la gráfica por computadoras*. Ponencia XVII Congreso Internacional INGEGRAF y ADM. Sevilla. Junio 2005
- Faber-Kaiser A. *La isla secreta*. 1991. Disponible en: http://andreas.faber.cat/
- Faber-Kaiser A. *Sobre el secreto- La isla mágica de Pohnpei y el secreto de Nan Matol*. Ed. Plaza & Janes; 1985
- Faber-Kaiser A. *Sombras extraterrestres*. 1971 Disponible en: http://andreas.faber.cat
- Fornieles Medina MF. *De Troya a la Atlántida, pasando por Creta*. Temas para la Educación. 2009; n° 4
- Frazer JG. *La rama dorada. Magia y religión*. 2ª edición. Madrid. Ed. Fondo de cultura económica; 1981
- García Bautista JM. *La realidad OSNI en el litoral andaluz*. Boletín El fuego del dragón. 2000; n° 27 (noviembre). Disponible en: http://dragoninvisible.com.ar.
- Gardner H. *Art through the Ages*. Ed. Harcourt; 1970.
- Husain S. La Diosa. Madrid. Ed. Debate; 1997
- Iurchuk CA. *Abducciones y visitantes de dormitorios*. Boletín El fuego del dragón. 2003; n° 61 (septiembre). Disponible en: http://dragoninvisible.com.ar.
- Knight K. *Dagón o Dagán*. Enciclopedia Católica; 1999. Disponible en: http://ec.aciprensa.com
- Kramer SN. *La historia empieza en Sumer*. Barcelona. Ed. Ediciones Orbis; 1985
- Landes DS. *Progreso tecnológico y revolución industrial*. Madrid. Ed. Tecnos; 1979
- López DG, Ares de Blas F. *Características fundamentales del fenómeno OVNI en España*. Stendek. 1981; n° 43
- Martín-Cano F. *Algunas falsas ideas sobre los papeles sexuales en la Prehistoria. La arqueología española en el siglo XXI. La Prehistoria entre los primeros cazadores y recolectores y la aparición de los productores de sus propios alimentos*. Actas del XXVI Congreso Nacional de Arqueología. Zaragoza. Abril del 2001

- Martín-Cano F. *Claves arqueoastronómicas del arte prehistórico y primitivo. Escenas artísticas reflejo de mitos religiosos, antes y después del descubrimiento de la agricultura.* Kalathos del SAET, Facultad de Humanidades y Ciencias Sociales de Teruel. 2002.
- Martínez T. *Tras las huellas del pasado imposible.* Ed. Ediciones Nowtilus; 2003
- McGray JD. *Gente estelar.* 2008. Disponible en: http://www.quedelibros.com
- Morales Gamboa E. *Historia de la exploración submarina.* Ed. Ediciones Universitarias de Valparaíso; 2007
- Munnshe J. *Reflexiones sobre la posibilidad de contacto con inteligencias extraterrestres.* Boletín El Fuego del Dragón; 1998; nº 1 (septiembre). Disponible en: http://fuego.dragoninvisible.com.ar
- Parsamian ES, Mkrtchian KA. Historic-Astronomical Investigations. Moscú. 1969;(10)35
- Parsamian ES. Historic and Astronomical Investigations. Moscú, 1988; (20)139
- Parsamian ES. *On ancient astronomy in Armenia.* Proceedings of the International Conference Oxford VI and SEAC. Ed. JA. Belmonte, La Laguna; 1999: 77-81.
- Pauwels L, Bergier J. *El retorno de los brujos. Introducción al realismo fantástico.* 1972. Ed. Plaza & Janes
- Paz Luna L. *El sentido poético de la ciencia ficción.* México. Ed. Instituto Sonorense de Cultura; 2004.
- Pérez Rodríguez A. *Julio Verne: ¿padre de la ciencia ficción?* Revista Digital Universitaria. 2007;8(9). Disponible en: http://www.revista.unam.mx
- Raynaud de la Ferrière SJ. *Libro Negro de la Francmasonería.* 2008. Disponible en: http://www.sergeraynauddelaferriere.net
- Rodríguez Sánchez JJ. *La Atlántida, la última heredera de un antiguo legado.* Tartessos.info. 2010. Disponible en http://www.tartessos.info
- Rodríguez M. Hinojosa M. Ortíz U. *Breve y parcial historia de los engranes.* Ingenierías. 2002; 5 (16):18-23
- Sagan C. *Cosmos.* Ed. Planeta; 1982
- Sendy J. *Dioses extraterrestres.* Barcelona. Ed. Daimon; 1979

- Temple R. *El misterio de Sirio. Nuevas pruebas científicas de contactos con extraterrestres hace 5.000 años*. Ed Timun Mas; 1998
- Vasari G. *Le Vite*. 3ª edición. Ed. Rusconi Libri; 2009
- Velásquez Zea VH. *Las "sirenas" o "yakurunas" y la cosmovisión amazónica sobre las fuentes de agua*. 2008. Disponible en: http://www.monografias.com
- Verdú Vicente FT. *Los decanos egipcios y los ciclos de 40-45 minutos en neurología y cronobiología*. Medicina naturista. 2008; 2(1): 35-46
- Verdú Vicente FT. *Orígenes y estructura del horóscopo: bases, fundamentos y su aplicación en el diagnóstico y pronóstico en Psicología y Medicina*. Medicina naturista. 2006;10:39-47
- Verdú-Vicente FT. *Corazón e historia: Miguel Servet, un precursor*. Medicina naturista. 2004; 6: 5-14
- Villar Rodríguez C. (editora) *Férula de sirena*. En: Diccionario Espasa de Medicina. Ed. Espasa Calpe; 2000

Numerosos autores,[47] a lo largo de la historia, han hecho un intento de aportar pruebas de un desarrollo tecnológico en la antigüedad más remota. Algunos han creído ver dichas evidencias en la arquitectura, otros en relatos mitológicos más o menos reinterpretados, [Morey Ripoll, 1997] o en conocimientos avanzados que no poseían otros poblados o territorios de la vecindad. [Temple, 1998] Muchos han aportado muestras de objetos encontrados en estratos que podrían poseer una antigüedad no acorde con lo que la arqueología defiende. [Zillmer, 2000] [Fernández, 2001] [Martínez, 2003] A principios de los años 90, el Instituto ZNIGRI de Moscú, informó sobre la posible evidencia de una tecnología avanzadísima encontrada en estratos geológicos que podrían remontarse a varias decenas de miles de años. [Fiebag et al., 2002] [Vintiñi, 2009] Pese a que dichos informes fueron ratificados en 1996, [Fiebag et al., 2002] [Vintiñi, 2009] hasta la actualidad no existe ninguna confirmación del asunto y se ha mencionado que pudiese tratarse de restos de objetos modernos enterrados. [ufologie.net, 2005] De igual modo, casi todos los objetos que en algún momento se ha considerado como pruebas de un contacto extraterrestre o de una civilización muy avanzada, han encontrado una explicación más convencional. [Wikipedia contributors, 2010] [Morey Ripoll, 1997]

---

[47] Entre ellos podríamos citar a R. Charroux, E Von Däniken, A. Faber-Kaiser, L. Pauwels y J. Bergier, P. Kolosimo, R. Temple, Z. Sitchin, P. Krassa y R. Habeck, D. Barclay, E. Danyans, J. Sendy, D. K. Kanjilal, entre muchísimos otros.

El que las pirámides posean una supuesta relación con Orión, hace pensar que dicha relación sea debida a un contacto extraplanetario entre ambas zonas; sin embargo, de igual modo, tal vez únicamente representase algo importante ocurrido precisamente en dicho periodo (10.500 aC) y que tras miles de años, se quisiese dejar constancia. De hecho, desde un punto de vista científico, la teoría que pretende que los restos arqueológicos, mitos, etc., son debidos a visitantes extraterrestres de la antigüedad no resiste un análisis crítico. [Morey Ripoll, 1997] El error principal consiste en subestimar la capacidad tecnológica y la complejidad cultural de las civilizaciones antiguas. [Morey Ripoll, 1997] Por ello y hasta el momento, lo único que podemos admitir es que existió expresada en la literatura de la época, un desarrollo tecnológico importante. De igual modo, es más que probable que un conocimiento de arquitectura elevado existiese ya en tiempos de la IV dinastía y cuyo reflejo son las pirámides.

¿Qué pudo ser? Algunos (la mayoría) lo vinculan a un contacto extraplanetario, sin embargo, ya que dicha fecha se aproxima a la fecha teórica del inicio de la civilización egipcia según algunos textos clásicos como la cronología de Manetón y los textos del papiro denominado *Canon real de Turín* [Brodrick y Morton, 2003] [Vallejo, 2002] y que según el relato de Platón sobre la Atlántida, parece dejar constancia que los egipcios guardaban registros de sucesos (cataclismos) que acontecieron hace más de 10.000 años. [Díaz-Montexano, 2009]. Tal vez únicamente nos indicase el inicio de la civilización en Egipto. Algo bastante posible, si tenemos en cuenta que Jericó, en dichas fechas, comenzaba a ser una realidad (se distinguen tres asentamientos distintos cercanos a la localización actual, que abarcan más de 11.000 años) [Colaboradores de Wikipedia, 2010] y que en Egipto se han registrado asentamientos desde hace 19.000 años. [Ivorra, 2010]

Dichas fechas, coincidirían con el inicio de la civilización atlante según se advierte en el relato de Platón, [Díaz-Montexano, 2009] y sería compatible con la supuesta llegada a la Tierra de los *nefilim*, o con su partida (y comienzo del diluvio) según autores. [Sitchin, 2002] [Benito Vidal, 2003] [Temple, 1998] [Sendy, 1979]

Actualmente, en base a todo lo mencionado, lo único que podemos asegurar, es que existió un conocimiento reservado a iniciados y que en base a dicho conocimiento, se formaron civilizaciones y sociedades, con el denominador común de creencias en seres anfibios (o reptiloides). Siendo bien probable que únicamente se tratase de un equipo de buceo o algún tipo de traje. Sin embargo, la medicina afirma que el hombre podría adaptarse, en mente y cuerpo, a un hábitat marino. [Roldán y Roldán, 2000] En la investigación actual, ya se experimenta con la posibilidad de que el hombre pueda adaptarse a los medios marinos y espaciales. Donde los problemas más graves a reducir serían la oxigenación sanguínea y la presión atmosférica, que influye sobre la misma y el riego cerebral. Jean Costeau, ya soñaba con esos adelantos. Y, ¿si los anteriores moradores del planeta se hubieran adelantado, bien por vía natural de selección o genética?

[Roldán y Roldán, 2000] Una manipulación genética establecida hace milenios, podría ser el origen de los seres anfibios sumerios y del mito de las sirenas; que a tenor de los informes descritos en los primeros capítulos, aún quedaría algún resto.

No podemos ni afirmar ni descartar que dichos personajes eran terrestres o extraterrestres; lo que sí es evidente, es que los conocimientos que se les atribuían han perdurado en secreto durante milenios ya que los ejemplos de Leonardo da Vinci, Julio Verne y de muchos otros (por ejemplo Jonathan Swift), nos obligan a pensar que existe cierta información que no ha sido mostrada a toda la sociedad. [Faber-Kaiser, 1992]

En *La Biblia*, existen referencias más o menos claras sobre dichas tecnologías [Faber-Kaiser, 1992] y como los que las poseen crean guerras entre los diferentes pueblos; una de las más claras la encontramos en el profeta Daniel, cuyos textos se han datado en el 605 aC., y por tanto, sería contemporáneo de Ezequiel, ambos deportados a Babilonia. [Casciaro, 1979] Ya hemos visto como se ha relacionado a Ezequiel con tecnologías avanzadas, [Faber-Kaiser, 1992] de igual modo, Daniel menciona claramente como se relaciona con seres de tecnología más avanzada. [Faber-Kaiser, 1992] En el texto (*Daniel* 10: 1-21), se hace referencia a como se desarrolla una extraña guerra, en la cual el príncipe protector de Persia, lucha contra Miguel, el protector de Israel, ayudado por Gabriel; la lucha duraba ya 21 días y por ello Miguel no podía comunicarse (¿usando los *terafim*?)

con Daniel. El propio Gabriel le anuncia que debe luchar nuevamente con el príncipe de Grecia, tras la batalla contra Persia. [Casciaro, 1979] Dichos príncipes, se han relacionado con ángeles; los cuales se asegura que "inspiraban y guiaban" a las naciones en su desarrollo. [Casciaro, 1979] El actual termino "ángel", proviene del hebreo *mal'ak* y del griego *aggelos*, que significa mensajero. [Danyans, 1969] Siendo pues seres de carne y hueso, poseedores de una tecnología superior, que servían como intermedarios. [Danyans, 1969] No en vano en *Jubileos* 4,15 se menciona: "Los ángeles del señor descendieron sobre la Tierra, los llamados guardianes (*egregoroi*; aquellos que vigilan), a fin de enseñar a los hijos de los hombres a practicar el derecho y la equidad". [Torrent, 2008]

Dichas guerras, "guiadas" por seres más avanzados, son algo común en los relatos sánscritos mencionados en capítulos anteriores, donde Arjuna se convierte en el instrumento de "los dioses". Lo cual resulta difícil de entender, ¿por qué no utilizaron ellos mismos aquella tecnología para combatir a los *asuras*? El motivo no parece ser su (probable) reducido número, ya que Arjuna junto con Matali se bastan para vencerlos. La respuesta parece estar en la justificación misma de las guerras, ya que incluso en los pueblos de Judá e Israel se mantuvieron cruentas guerras y fueron gobernados por reyes enemigos, pese a un teórico origen común como pueblo. [Arias, 2005]

Se ha argumentado convincentemente, que la función primaria sobre la comunicación escrita ha sido facilitar la dominación y la explotación; y sin ella, no serían posibles ciudades ni imperios. [Zerzan, 2001]

Ello nos lleva a la conclusión de que en realidad, los civilizadores, lejos de pensar en un bien general para todo el mundo, lo que realmente se proponían era crear un imperio; quizás mundial. Tal vez algo semejante a lo que pretendía Alejandro Magno.

En este sentido, merece la pena destacar que la innovación tecnológica humana durante dos millones de años (tenida en cuenta a partir de los avances en el desarrollo de las herramientas de piedra), fue prácticamente nula; lo cual resulta inquietante ya que la mayoría de científicos actuales, basándose en la anatomía cerebral y en ciertos estudios, describen una inteligencia humana fundamentalmente "moderna" desde los primeros homo. [Zerzan, 2001]

La mitología clásica ha hecho célebre el tema de "la edad de oro". Pero fue en la literatura sumeria donde la idea apareció por primera vez, como lo atestigua el poema *Enmerkar y el señor de Aratta*, [Kramer, 1985] donde se menciona que "El universo entero, los pueblos al unísono. Rendían homenaje a Enlil en una sola lengua" y que Enki, descontento o envidioso del poder de Enlil, decidió un día llevar la ruina a su imperio y empezó a suscitar conflictos y guerras entre los pueblos, y aquello fue el final de la edad de oro. [Kramer, 1985] Dicho poema posee una gran importancia ya que se reconoce la existencia de un "estado de gracia" y de "existencia pacífica" que duró un largo periodo en los inicios de la historia de la evolución humana.

[Zerzan, 2001] Antes de caer en la esclavitud de religiosos, jefes y reyes. [Zerzan, 2001]

Así, por ejemplo, en Çatal Höyük, pese a poseer una muralla cerrada, no existen señales de combates ni luchas en toda su milenaria historia. [Fiebag et al., 2002]

En un editorial del número de julio-agosto de 1963 del desaparecido boletín *Informationen* de la *Gesellchaft für Interplanetarik* de Austria, aseguraban que: "existe en la Tierra un mito que se adaptaría a los propósitos de los "espaciales" y bajo cuya influencia podría dar resultado el reclutamiento de "ayudantes". Una sociedad que hace siglos ya se vanagloriaba de preparar la reforma de "todo el ancho mundo" y cuyos miembros no sólo se reunían en una "fortaleza suspendida en el aire", sino que se ocupaban de el "trabajo" en todo el sistema solar y poseían además "mil piezas" que harían palidecer de envidia a nuestros técnicos actuales." [Faber-Kaiser, 1971]

Desde hace mucho tiempo, han existido sociedades que se habían comprometido a guardar silencio, generación tras generación, sobre las realidades cuya transmisión secreta a través de los siglos había dado vida precisamente a esas comunidades. Son sociedades que han nacido gracias a la posesión de unos conocimientos que no debían trascender a la masa, y que siguen viviendo gracias a la necesidad de conservar para el hombre esos conocimientos. [Faber-Kaiser, 1971]

Una de las sociedades más conocida existió en la India, y se remonta a la época del emperador Asoka. [Faber-Kaiser, 1971] El cual reinó a partir del año 273 aC; horrorizado tras la matanza de 100.000 enemigos, trató de prohibir para siempre a los hombres el mal uso de la inteligencia y fundó la sociedad secreta de "los nueve desconocidos," cuyo fin era no dejar en manos profanas los medios de destrucción y guardar los secretos técnicos venidos de un remoto pasado. [Pauwels y Bergier, 1972]

También los egipcios en el culto a Isis se mostraban mudos y el consejo dado por el célebre papiro *Harris* rezaba: ¡Cerrar las bocas! [Faber-Kaiser, 1971] Los griegos por su parte, guardaban un silencio absoluto sobre los misterios del culto de Ceres. [Faber-Kaiser, 1971] La revelación del secreto de estas prácticas a los profanos se castigaba con la muerte. Por ello, Fulcanelli recomendaba que "en la Ciencia, en el Bien, el Adepto debe siempre callar". [Faber-Kaiser, 1971] En la cábala judía, el conocimiento del "carro de Dios" (que vio Ezequiel) no debía jamás ser transmitido por escrito, sino sólo de manera oral a aquellos que se mostraran dignos; es decir, a un pequeño grupo que había alcanzado previamente un grado de iniciación superior. [Faber-Kaiser, 1971] Artapano de Alejandría, en *Judaica*, menciona que el faraón Khenefrés[48] adoptó a Moisés, el cual "inventó barcos, máquinas para colocar piedras, instrumentos hidráulicos, armas

---

[48] Identificado por el egiptólogo David Rohl con el faraón Khaneferra Sobekhotep IV y que según el egiptólogo Detlef Franke, reinó entre 1.694 a 1.685 aC. [Torrent, 2008]

egipcias y la filosofía." Años después Eusebio en *Preparación Evangélica*, se hace eco de este escrito y relaciona a Hermes con Moisés y a todos sus descendientes los denomina herméticos. [Torrent, 2008] Fue llamado Hermes porque sabía interpretar los jeroglíficos (*tôn hierôn grammáton hermeneían*); sentido que probablemente desconocían ya los sacerdotes, puesto que menciona como también confió a los sacerdotes las letras sagradas (*grámmata tôis hiereûsin*). [Torrent, 2008]

También se asegura que la Orden del Temple trajo de Jerusalén, arcanos de artesanía antiquísima en lo que se refiere a la arquitectura, así como muchos documentos, folios y papiros. [Faber-Kaiser, 1971] Veraces historiadores aseguran que la obra persistió en la sombra hasta desembocar por vías recónditas en los albañiles del otro templo: el de la masonería. [Faber-Kaiser, 1971] Lo que es evidente es que ambas hermandades secretas, herméticas, tienen algo muy importante que ver con la construcción de edificios sagrados. [Faber-Kaiser, 1971]

Se ha relacionado a Quetzalcóatl con la leyenda del Christian Rosencreutz, [Faber-Kaiser, 1971] teórico fundador de los rosacruces. [Steiner, 1911 a] Según Rudolf Steiner, el personaje más que un individuo, es como una entidad, la cual se ha reencarnado múltiples veces desde el siglo XIII. [Steiner, 1911 a] Lo verdaderamente importante, es su legado (obra) la cual comenzó en el siglo XIII, [Steiner, 1911 b] Serge Hutin atribuía a los rosacruz la posesión de los secretos de la transmutación de los metales, la prolongación de la vida y el conocimiento de lo que ocurre en lugares alejados. [Pauwels y Bergier, 1972] Una tradición, no muy fiable, mencionaba que los rosacruces eran los herederos de civilizaciones enterradas. Mientras que otros sostienen que sus avances eran fruto del dominio del Universo por la ciencia y la técnica (y en modo alguno por la iniciación y la mística). [Pauwels y Bergier, 1972] Que dicha sociedad aluda a aparatos o máquinas, encontrados en la tumba del simbólico Christian Rosenkreutz, que la ciencia oficial de la época (1.622), no pudo fabricar (lámparas perpetuas, registradores de sonidos y de imágenes, etc.), [Pauwels y Bergier, 1972] merece cierta consideración. De igual modo, el relato del Papa Silvestre II en el volumen CXXXIX de la Patrística (Patrología) latina de Migne, donde describe a un autómata con un funcionamiento análogo a las máquinas binarias,[49] [Pauwels y Bergier, 1972] Merece la misma consideración.

Que la sociedad secreta de Asoka y la de Christian Rosenkreutz tengan un vínculo común, no parece descabellado, máxime cuando, por ejemplo la sociedad, llamada AMORC (*Ancien Mystic Order of the Rosy-Cross*: Antigua Orden Mística de la Rosa-Cruz) fue fundada en 1916 con el fin de salvar la Civilización. [Guénon, 1989] Algo muy semejante a los principios de los "nueve desconocidos." Lo que sí parece demostrado, es que los miembros de sociedades secretas

---

[49] Dicha cabeza "mágica", traída de la India, fue destruida a la muerte del Papa, y los conocimientos registrados por ésta, cuidadosamente disimulados. [Pauwels y Bergier, 1972]

inspiradas en la rosacruz (como la *Golden Dawn* de Arthur Machen, Rudolf Steiner y Abraham Stoker), eran reclutados entre los maestros masones. [Pauwels y Bergier, 1972] Por lo tanto, es posible que lo que llamamos esoterismo, cimiento de las sociedades secretas y de las religiones, sea el residuo difícilmente comprensible y manejable de un conocimiento muy antiguo, de naturaleza técnica, que entrañaría un peligro para toda la humanidad en el supuesto de que estos conocimientos llegaran a manos irresponsables. [Faber-Kaiser, 1971]

Andreas Faber-Kaiser, mencionaba en 1993 que el 1 de agosto de 1972, Philip von Rothschild anunció ante el "Consejo de los 13" en el Casino Building de San Antonio, la planificación de la historia a partir de 1980. Las indicaciones son muy concretas: "Cuando veáis apagarse las luces de New York, sabréis que nuestro objetivo se ha conseguido". [Faber-Kaiser, 1993] Posteriormente, el 13 de julio de 1977, Nueva York sufrió un gran apagón que degeneró en una oleada de delincuencia y miles de arrestos. [El Mundo, 2003] 26 años después, un importante corte eléctrico mantuvo sin luz a nueve estados de EEUU y una provincia de Canadá, afectando a alrededor de 20 millones de personas, siendo especialmente desconcertante en Nueva York. [El Mundo, 2003]

¿Se ha vuelto a planificar la historia?

Referencias bibliográficas:

- Arias J. *La Biblia y sus secretos*. Ed. Santillana , con licencia editorial para Círculo de Lectores; 2005
- Benito Vidal R. *Historias mágicas de los dioses sumerios*. 2003. Madrid. Ed. Edimat Libros
- Brodrick M, Morton AA. *Diccionario de arqueología egipcia*. Ed. Edimat Libros; 2003
- Burgio I. *"L'ira del dio del mare": lo tsunami provocato dall'Etna 8000 anni fa e la citta' sommersa di Atlit-Yam*. 2008. Disponible en: http://www.cataniacultura.com
- Casciaro JM (revisor). *La santa Biblia*. Madrid. 11ª edición. Ed. Ediciones Paulinas; 1979
- Colaboradores de Wikipedia. *Jericó (Cisjordania)*. Wikipedia, La enciclopedia libre; 2010 abr 11. Disponible en: http://es.wikipedia.org/w/index.php?title=Jeric%C3%B3_(Cisjordania)&oldid=36001397
- Danyans E. *Una astronave, reproducida en una losa sepulcral maya de hace diez mil años*. Diario ABC (Madrid). 10/01/1969 (edición matinal)
- Díaz-Montexano G. *Atlantis contra Atenas ¿9000 años antes de Solón?* 2009. Disponible en: http://www.antiquos.com
- El Mundo. *Un importante apagón en Nueva York, otras ciudades de EEUU y Canadá causa el caos*. Viernes, 15 de Agosto de 2003. Disponible en: http://www.elmundo.es
- Faber-Kaiser A. *La conspiración de los iluminados*. 1993. Disponible en: http://andreas.faber.cat
- Faber-Kaiser A. *Los primeros contactados*. 1992. Disponible en: http://andreas.faber.cat
- Faber-Kaiser A. *Sombras extraterrestres*. 1971 Disponible en: http://andreas.faber.cat
- Fernández L. *Crónicas del misterio*. Ed. EDAF; 2001
- Fiebag P, Gruber E, Holbe R. *Enigma-Die Grossen Rätsel unserer Welt* (6 tomos). 2002. Múnich. Ed. Wissen Media Verlag
- Guénon R. *El Teosofismo, historia de una pseudo-religión*. Barcelona. Ed. Obelisco; 1989

* _________. *Ice age nanotechnology in Ural*. 2005. Disponible en: http://www.ufologie.net/htm/ancural.htm
* Ivorra C. *El origen de la civilización (20.000 años) Antecedentes de las primeras civilizaciones históricas*. Disponible en: http://www.uv.es/ivorra/index.html [Consultada Abril 2010]
* Kramer SN. *La historia empieza en Sumer*. Ed. Orbis; 1985
* Martínez T. *Tras las huellas del pasado imposible*. Ed. Ediciones Nowtilus; 2003
* Morey Ripoll M. (coordinador) *Diccionario Temático de Ufología - D.T.U.-*. Ed. Fundación Anomalía; 1997
* Pauwels L, Bergier J. *El retorno de los brujos. Introducción al realismo fantástico*. 1972. Ed Plaza & Janes
* Roldán JA, Roldán M. *Bio-ovnis, la teoría olvidada*. Boletín El fuego del dragón. 2000; nº 28 (diciembre). Disponible en: http://dragoninvisible.com.ar.
* Sendy J. *Dioses extraterrestres*. Barcelona. Ed. Daimon; 1979
* Sitchin Z. *El doceavo Planeta*. Barcelona. 2002. Ed. Obelisco
* Steiner R. *El Misterio de Christian Rosenkreutz*. Conferencia. Neuchatel, septiembre 1911 (referencia a)
* Steiner R. *La Obra de Christian Rosenkreutz*. Conferencia. Neuchatel, septiembre 1911 (referencia b)
* Torrent FJ. *El legado hermético de la antigüedad.* Ed. Bubok Publishing; 2008
* Vallejo JJ. *Los secretos del antiguo Egipto*. Ed. Ediciones Nowtilus; 2002
* Vintiñi L. *Zona Oopart: Nanoestructuras de Rusia*. Da Jiyuan Internacional. 16.06.2009. Disponible en: http://www.lagranepoca.com
* Wikipedia contributors. *Out-of-place artifact*. Wikipedia, The Free Encyclopedia. Disponible en: http://en.wikipedia.org/w/index.php?title=Out-of-place_artifact&oldid=371510156 (consultada el 17 julio de 2010)
* Zerzan J. *Futuro primitivo y otros ensayos.* Valencia. Ed. Numa Ediciones; 2001
* Zillmer H-J. *Darwin se equivocó*. Ed. Timun Mas; 2000

EPÍLOGO: La música de las sirenas

Las sirenas tenían ya, para los antiguos, una pluralidad de significados, aunque, en esencia son básicos dos: su relación con la muerte y con la música; todos los demás aspectos giran o se relacionan con ellos. [Pena, 2007]

Por lo tanto, un aspecto esencial es su relación con la música; ya que su poder de fascinación no proviene de su belleza, sino, en origen, de su canto, más tarde acompañado de instrumentos. [Pena, 2007]

Pero lo que es un misterio, o un secreto, es la famosa pregunta del emperador Tiberio "¿qué cantaban las sirenas?[50] [Pena, 2007]

Se dice con frecuencia que el episodio de Ulises representa el triunfo del racionalismo sobre la imaginación y la fantasía. Esta interpretación ha pesado y pesa sobre la tradición literaria; pero las sirenas homéricas no prometen belleza, juventud, amor, libertad…, todo ello más allá de las convenciones sociales, sino sabiduría. [Pena, 2007]

Ya Cicerón, en *De finibus* (v. 49) comenta que la atracción de las sirenas se debe al placer de aprender, "Pues no parece que acostumbraran a retener a quienes pasaban navegando ante ellas por la suavidad de sus voces o por la novedad y variedad de su canto, sino:

---

[50] Se trata de una pregunta que solía hacer Tiberio, según Suetonio (Tib. 70), a los gramáticos que conversaban con él: … *quid Sirenes cantare sint solitae.* [Pena, 2007]

porque declaraban que ellas sabían muchas cosas, para que los hombres se quedaran pegados a sus rocas por el deseo de aprender". [Pena, 2007] La opinión de Cicerón es significativa: las sirenas prometían el conocimiento, eran *doctae* (Ovidio); entonces ¿por qué eran tan peligrosas? [Pena, 2007] ¿Tal vez porque es mejor "no saber" más allá de ciertos límites? [Pena, 2007]

A pesar de su origen sin duda oriental, quizás egipcio, los antiguos localizaban las tradiciones relativas a las sirenas en el Mediterráneo occidental, específicamente en el Tirreno; en lugares asociados a parajes peligrosos para la navegación. [Pena, 2007]

La identificación de Estrabón de la residencia de las sirenas, ha motivado una explicación científica basada en la acústica de aquella zona (en especial de las isla Li Galli), la cual amplifica el sonido natural y produce extraños fenómenos de reverberación que algunos creen que pudo haberse originado en sonidos de gaviotas, delfines, etc. [Rodríguez López, 2007] Otros han relacionado dicho canto con alucinaciones auditivas (cercanas a la esquizofrenia) propiciadas por la falta de visibilidad (niebla, etc.). [Rodríguez López, 2007]

Sin embargo, lo más probable es que el mito sea una descripción del poder de la música, y en especial, de la voz humana. [Rodríguez López, 2007]

¿Por qué la sabiduría y la música estaban en posesión de las sirenas? Y en todo caso, ¿qué cantaban? La respuesta, que ya Tiberio buscaba, probablemente se encuentre en las pirámides…

Platón estableció una relación entre la música y las sirenas de forma clara, al mencionar que son 8 las sirenas que existían, ya que éste es el número de las notas musicales de la octava. [Temple, 1998]

La palabra música tenía un significado más amplio en la antigua Grecia que en la actualidad, y era inseparable de la astronomía (y también de la poesía). [Miyara, 2007] De este modo, Platón asoció a las sirenas con el movimiento de los planetas y el sonido que estos producían ("el sonido de las esferas"). [Rodríguez López, 2007]

Por lo tanto, los conocimientos a los que hace referencia, deben ser sin duda matemáticos; y la clave para descubrirlos probablemente la encontremos en Pitágoras…

Pitágoras perteneció al círculo de los llamados Presocráticos, cuyas doctrinas nos fueron legadas de forma incompleta y ambigua, [Martín Sáez, 2007] debido a que personalmente no dejó nada escrito y sus doctrinas únicamente se conocen por sus discípulos [Sendy, 1979] de los cuales, la mayoría de los escritos fueron perdidos en tiempos pretéritos y lo poco que nos queda forma parte de una tradición doxográfica reducida. [Martín Sáez, 2007]

Actualmente se discute si Pitágoras fue un personaje real o un símbolo; ya que por ejemplo, se asegura que era hijo de Apolo y de

Partenis, nombre que deriva de parthenos ("virgen") [Freke y Gandy, 2004] y según Jámblico, una antigua creencia pitagórica, (la cual creía y seguía) afirmaba que Pitágoras, el maestro Pitias, era una encarnación de Apolo. [Reghini, 1981]

No obstante se sabe que la escuela pitagórica influyó en Platón y que algunos discípulos suyos pertenecieron a dicha escuela. [Temple, 1998] Pese a que los pitagóricos formaban una especie de cofradía secreta que guardaba celosamente sus posturas filosóficas, las crónicas de seguidores y detractores han permitido reconstruir parcialmente sus ideas. [Miyara, 2007]

Las enseñanzas de Pitágoras (570-497 aC) incluían la aritmética y la música en forma conjunta. La aritmética permitía la comprensión del universo físico y espiritual, en tanto que la música era un ejemplo de la armonía universal. [Grout et al., 2010] Arquitas (428-347 aC) describía la matemática como integrada por el estudio de la astronomía, la geometría, la aritmética y la música. Platón (427-347 aC), en *República* hace una subdivisión parecida. [Miyara, 2007] Más adelante estas cuatro ramas pasarán a conocerse como el *quadrivium*. [Hundt, 1978] [Miyara, 2007]

Los pitagóricos llegaron a la conclusión de que las matemáticas son la verdadera representación de la realidad, lo perfecto. Siendo esta perfección cognoscible solo mediante el intelecto. De ahí que afirmasen que "todas las cosas eran números". [Martín Sáez, 2007]

De ahí surgirá la utilización del término armonía en las matemáticas y, por ende, en la definición del estado del mundo. El término armonía debe ser entendido como formación de una escala y, sobre todo, como orden, no como lo que conocemos actualmente, pues la música en Grecia era aún melódica. Aristóteles en *Metafísica* (capítulo 5, libro I) menciona que: "… los llamados pitagóricos se dedicaron por de pronto a las matemáticas, e hicieron progresar esta ciencia. Embebidos en este estudio, creyeron que los principios de las matemáticas eran los principios de todos los seres. Los números son por su naturaleza anteriores a las cosas, y los pitagóricos creían percibir en los números más bien que en el fuego, la tierra y el agua, una multitud de analogías con lo que existe y lo que se produce. Tal combinación de números, por ejemplo, les parecía ser la justicia, tal otra el alma y la inteligencia, tal otra la oportunidad; y así, poco más o menos, hacían con todo lo demás; por último, veían en los números las combinaciones de la música y sus acordes. Pareciéndoles que estaban formadas todas las cosas a semejanza de los números, y siendo por otra parte los números anteriores a todas las cosas, creyeron que los elementos de los números son los elementos de todos los seres, y que el cielo en su conjunto es una armonía y un número. Todas las concordancias que podían descubrir en los números y en la música, junto con los fenómenos del cielo y sus partes y con el orden del Universo, las reunían, y de esta manera formaban un sistema." [Martín Sáez, 2007]

El sistema de Pitágoras parte del axioma que obliga a cualquier intervalo a expresarse como una combinación de un número mayor o menor de quintas perfectas. Partiendo de una nota base se obtienen las demás notas de una escala diatónica mayor encadenando hasta seis quintas consecutivas por encima y una por debajo, lo que da lugar a las siete notas de la escala. [Miyara, 2007]

Por ejemplo, si partimos de la nota *Do*, obtenemos:

Fa $\longleftarrow$ *Do* $\longrightarrow$ Sol $\longrightarrow$ Re $\longrightarrow$ La $\longrightarrow$ Mi $\longrightarrow$ Si

Luego se sube o baja la cantidad de octavas que haga falta para que todos los sonidos se encuentren dentro de una misma octava. [Miyara, 2007] Y el último paso sería reordenar las notas de modo que sus frecuencias vayan en aumento. La escala así obtenida se llama escala de Pitágoras, o escala pitagórica. [Miyara, 2007]

Esto proporciona una estructura en la cual hay dos tipos de intervalos que se denominan tono (T $\rightarrow$ 9/8 = 1,125) y hemitono (h $\rightarrow$ 256/243 = 1,05349794238683) con una estructura de escala del tipo: T T h T T T h [Miyara, 2007] Luego de lo cual la estructura se repite cíclicamente en las octavas superiores e inferiores. [Miyara, 2007]

Pitágoras definió la coma pitagórica como un sistema de afinación. Es un sistema de construcción de la escala musical que se fundamenta en la quinta perfecta de razón 3/2 o quinta justa; esta afinación era la usada durante la Edad Media. Se obtenía mediante la división geométrica de una cuerda de un instrumento musical en dos, tres y cuatro partes iguales. [Goldaráz Gaínza, 2004]

La expresión numérica de la coma pitagórica es:

$$(3/2)^{12} / (2:1)^{7} = 1'01364326477051. ..$$ [Miyara, 2007]

O lo que es lo mismo:

531.441 / 524.288 [Goldaráz Gaínza, 2004]

Y su magnitud es de 23,50 cents, esto es, algo menos de la cuarta parte de un semitono temperado. [Goldaráz Gaínza, 2004]

Como vemos, dicha expresión establece la relación entre las quintas y las octavas. Ello significa que si arrancamos con un Fa, luego de 12 quintas tendremos un sonido aproximadamente igual al Fa 7 octavas más agudo. Este sonido (igual al Mi#), se califica como enarmónico del Fa y, en principio, podría sustituirse por el Fa.[51] [Miyara, 2007]

En el sistema de Pitágoras, que construye la escala utilizando exclusivamente quintas perfectas, el círculo de quintas no se cierra porque las doce quintas del círculo (con su correspondiente reducción de las octavas necesarias) no equivalen al unísono ni a la octava. Dicho de otro modo: el encadenamiento sucesivo de factores iguales a

---

[51] Sin embargo, la diferencia es suficiente como para resultar notoriamente desafinado, ya que la diferencia de 1,36% en la frecuencia (coma pitagórica), es claramente perceptible puesto que está por encima del umbral de discriminación de frecuencias que es normalmente del 0,3%. [Miyara, 2007]

3:2 (la quinta) nunca produce un valor que se pueda reducir a la relación 2:1 (la octava). [Goldaráz Gaínza, 2004]

Mucho se ha escrito sobre la finalidad de las pirámides, y a lo largo de casi mil años, se han descubierto facetas muy interesantes. [Barceló, 2002] Particularmente, sobre la pirámide de Keops, se ha mencionado que servía de almanaque para medir la duración del año; que servía como brújula; e incluso como marcador geodésico, conteniendo a escala el hemisferio norte en latitud y longitud; y que sirvió como observatorio celeste desde donde se trazaron mapas y tablas. [Barceló, 2002] En definitiva, contiene correspondencias geofísicas, astrofísicas y matemáticas. [Temple, 1998] Sin embargo, existe una faceta poco conocida, que merece la pena mencionar, y que finalmente nos ayudará a aclarar el origen del "canto de las sirenas"…

Para Robert Temple, tanto la cifra 1,053 (hemitono) como la coma pitagórica se encuentran en la relación entre la pirámide de Kefrén y la de Keops; e incluso, asegura que dicha relación está vinculada a la estrella Sirio (y su relación con la masa de nuestro Sol). [Temple, 1998] Otros autores de la antigüedad (Macrobio, Proclo, Calcidio, etc.), versados en astronomía, también mencionan la fracción 256/243 (= 1,053…) y la denominan sagrada, ya que la consideraban un valor armónico universal. [Temple, 1998]

La posibilidad de que dicho valor fuese conocido y representado por lo egipcios no es infundada; ya que dicho secreto pitagórico pudo ser anteriormente egipcio [Temple, 1998] y es conocido que en las cámaras principales de las pirámides se aplicó la ecuación $a^2 + b^2 = c^2$ que hizo famoso a Pitágoras y que Platón, en el *Timaios*, la consideró el bloque con el que se construyó el cosmos. [Barceló, 2002] Por otro lado, algunos autores defienden que en realidad, el sistema musical de Pitágoras ya aparece en documentos de Babilonia del año 1.800 aC [West, 1994]

Para Platón, las sirenas fueron las encargadas de mover las esferas del universo y de entonar al canto del cosmos. [López-Peláez Casellas, 2007] Anteriormente, los pitagóricos se refirieron a las sirenas en el mismo sentido, recalcando su faceta musical y su conexión con los planetas. [López-Peláez Casellas, 2007] Además, las hicieron encargadas de conducir las almas de los muertos para que encontraran su camino [López-Peláez Casellas, 2007] Lo cual es evidentemente algo que los relaciona con Egipto [Rodríguez López, 1998 a]

La teoría de la armonía o música de las esferas de Pitágoras, postulaba que el universo, como si de un instrumento se tratase, a través del movimiento de las esferas producía una serie de sonidos. [Martín Sáez, 2007] Esta teoría les sirvió a los pitagóricos para argumentar a favor de las matemáticas y de que "todo son números", pues bien es sabido que la música depende a su vez de unas proporciones. [Martín Sáez, 2007] Actualmente, dicha teoría parece haber sido ratificada por los científicos. [Martín Sáez, 2007] Para Pitágoras, como más tarde para Platón, son las sirenas las que personifican esta armonía.

[Reghini, 1981] Así, Plutarco ve en Ulises el filósofo que escucha esta armonía para iniciarse en la sabiduría. [Reghini, 1981]

Pero, ¿qué tiene eso que ver con las pirámides?

La pirámide o el tetraedro regular, con sus cuatro caras triangulares, sus cuatro vértices y sus seis aristas, simbolizaba el fuego; y puede que esta correspondencia sea debida a la forma del sólido cuyo vértice recuerda el extremo de la llama que se eleva por encima de su base, y se haya apoyado en la etimología errónea de la palabra pirámide, que viene de *pyr* que significa "fuego", y que utilizaban los griegos para el tetraedro. [Reghini, 1981] Dicho símbolo (la pirámide cuadrangular) en el simbolismo masónico se designa como la "piedra cúbica en punta" y en la interpretación hermética, es visto como una figura de la "piedra filosofal". [Guénon, 1988] El mismo símbolo en figura plana (no tridimensional) era representado con un triángulo. [Guénon, 1988] Siendo precisamente dicha figura (*tetraktys*) un importante símbolo pitagórico.[52] [Reghini, 1981] [Guénon, 1988]

La base para el cálculo usando el método geométrico para determinar los intervalos de un instrumento fue el triángulo isósceles (ver figura 33). El triángulo místico, fue el símbolo del agua para los pitagóricos [Temple, 1998] El cual tenía ángulos de dos tercios y un tercio. [Temple, 1998] Y que algunos autores establecen una relación con

---

[52] La unión de los dos triángulos del fuego y del agua (o del azufre y del mercurio), reunidos en un solo cuerpo, engendra el astro de seis puntas, el Sello de Salomón, también llamado Sello de Hermes, jeroglífico de la Obra por excelencia y de la Piedra Filosofal realizada. [Faber-Kaiser, 1971]

Gilgamesh ("dos tercios dios y uno hombre"), Enki (denominado *Shanabi*, es decir, "dos tercios") y con el dios ario Trita ("tercio" en sánscrito; al que también denominaron Aptya, que significa "deidad del agua") y el griego Tritón (literalmente "un tercio"). [Temple, 1998] Todos ellos en clara relación con seres anfibios. Tal vez por ello, el símbolo utilizado para Osiris fuese la pirámide.

El tetragrama hebreo *yod he vav he*, que representa el nombre de Dios (YHVH) podría estar representado en la *tetraktys*, identificándose el *yod* con el triángulo, mientras que el resto del tetragrama se inscribe en el cuadrado situado debajo de aquél.[53] [Guénon, 1988]

El triangulo es la letra D (mayúscula) del alfabeto griego y tradicionalmente se ha representado al dios Sol como un triángulo. [Ribero Meneses, 2006] Así el triángulo como inicial, es el nombre helénico de Zeus, pero en la mitología ibérica más antigua, Zelus, Iobe, Hércules, Gerión, Mercurio, Neptuno o Poseidón son nombres indistintos de una misma divinidad. [Ribero Meneses, 2006] Divinidad que en España se ha representado con un triángulo en la frente y que aún se puede apreciar en la imagen de Poseidón conservado en Campo Giro y que *El Diccionario Geográfico-Histórico* de Pascual Madoz documentó como una escultura del Dios del Mar. [Ribero Meneses, 2006]

---

[53] Tal vez por ello, el santuario de Delfos era definido por los pitagóricos como "la *tetraktys* en que está la armonía donde están las sirenas." [Reghini, 1981]

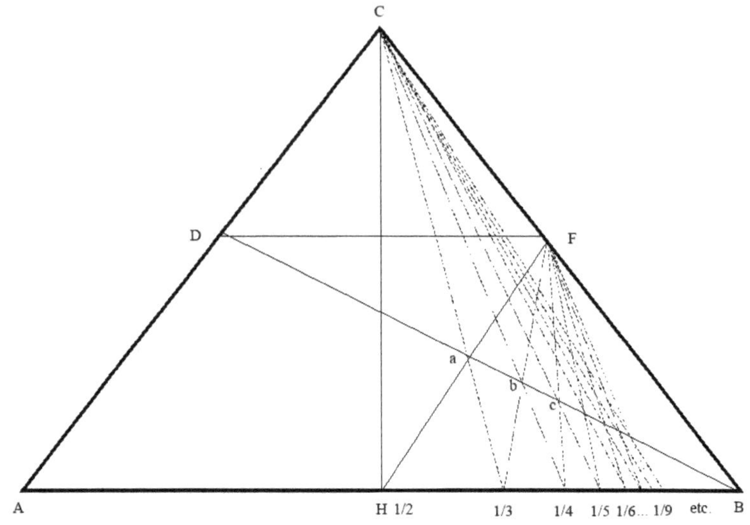

Figura 33. Método geométrico que aplica la teoría pitagoriana de las proporciones para dividir un segmento en partes proporcionales exactas y de éste modo, obtener los intervalos de un instrumento.

Si tenemos en cuenta que el *Papiro Artemidoro,* el más antiguo mapa conocido plasmado en un papiro (y descubierto en una momia egipcia), aparece representada, exclusivamente la Península Ibérica e incluye una representación del Dios de Occidente claramente similar a las del Poseidón de Campo Giro. [Ribero Meneses, 2006] Podemos afirmar que debió existir una relación entre el *Amenti* egipcio (la Península Ibérica) y el mar; no en vano, el mundo del mar está relacionado con el tránsito del alma al más allá, en las culturas mediterráneas, desde la Edad del Bronce, como atestigua la arqueología a través de los sarcófagos de terracota (larnaces), y otras piezas de ajuares funerarios, decoradas frecuentemente con motivos marinos asociados con esta idea. [Rodríguez López, 1999]

Dado que Osiris fue denominado el señor de Occidente y que para los griegos, sus dioses eran originarios del extremo occidental del mundo. Podemos concluir que el dios del mar representado y Osiris poseían atributos similares [Ribero Meneses, 2006] y por tanto, también el triángulo representó a dicho dios.

Y como precisamente, la cara triangular de una pirámide era el jeroglífico que representaba a Sirio [Temple, 1998] Todo parece relacionar a Sirio con el triángulo y a su vez con el agua. Tal vez por ello, algunos autores han aventurado la hipótesis de que los anfibios sumerios, e incluso Isis y Osiris, fuesen habitantes de alguno de los planetas del sistema de Sirio. [Temple, 1998]

Sabemos que los antiguos egipcios estaban convencidos que al morir, iban al sistema de Sirio [Temple, 1998] Algo que también afirman algunos investigadores con respecto a la tribu de los dogones de Malí. [Temple, 1998]

Si recordamos que el *Ba* egipcio se lo representaba como una mujer-pájaro [Rodríguez López, 1998] y que dicha representación puede guardar una relación evidente con las primeras representaciones de sirenas. [Rodríguez López, 1998] Pudiendo situar su origen en Egipto. [Pena, 2007] Encontramos una más que casual relación entre sirenas, Sirio, el mar y el más allá. No en vano, parejas de sirenas se grababan todavía en las tumbas en la época de Eurípides. [Graves, 1988] Y tal y como hemos mencionado, el término *seirên*, del cual puede proceder el nombre de sirena, se refiere a una constelación como *Seirios* (Sirio en griego). [Temple, 1998]

Imitando con la música sagrada la música celestial, los pitagóricos esperaban asimilar su alma a la sabiduría divina y, después de la muerte, reunirse con los bienaventurados. [Reghini, 1981] Para Pitágoras, como más tarde para Platón, son las sirenas las que personifican esta armonía.[54] [Reghini, 1981]

Pitágoras, examinando los números y la música, llegó como conclusión a una especie de eterno retorno; como que la historia se repite. [Martín Sáez, 2007] Creyendo por tanto en una especie de reencarnación.

La iconografía inicial de las sirenas, coincide en representarlas usando un único instrumento musical: su voz; no es casual que los nombres de las sirenas, transmitidos por autores diversos, hagan referencia a su voz. [Rodríguez López, 2007]

---

[54] Platón (*Politeia*, X, 617[a]), en su descripción de la estructura del universo, coloca una sirena en cada uno de los ocho círculos que giran en torno al huso de "Ananke"; cada una de ellas emite una única nota, que armonizándose con las demás, crean una única armonía. [Pena, 2007]

Para los egipcios, y en general para todos los pueblos semitas, la palabra poseía un inmenso poder (tanto unos como otros opinaban que un Creador habría utilizado el poder del Verbo, es decir, la magia de la palabra, cuando decidió que el mundo existiera). [Robledo Casanova, 2005] Dicha idea también se encuentra en otros pueblos, como los mayas (*Popol Vuh*), [Sánchez, 1999] o entre los nórdicos (*Kalevala*). [Casona, 1999]

Esa intensa fe de los egipcios en el poder mágico de la palabra les hacía creer que cuando se pronunciaba el nombre de una persona permitía, de algún modo, que ese hombre fuese nuevamente creado. Cuando la muerte alcanzaba a una persona, si su nombre, sus palabras, eran conservadas, se estaba asegurando la supervivencia del fallecido. Por contra, si el nombre era destruido, la persona sería aniquilada. [Robledo Casanova, 2005]

En la India y en sánscrito, la raíz *an* está presente en *anima* ("alma") y *anemos* ("aire"), ya que pensaban que en el aire reside una energía (*prana*) que penetra en el cuerpo a través de la respiración. [Verdú Vicente, 2004] Dicho concepto pasó a Occidente (Grecia) bajo el nombre de *pneuma*. Sin embargo, fueron las enseñanzas egipcias sobre alma y aliento vital las que sentaron las bases del pensamiento hermético y del *Logos* griego [Verdú Vicente, 2004]

Los egipcios creían que los jeroglíficos eran unos signos sagrados que contenían inmensos poderes, [Robledo Casanova, 2005] algo muy similar al concepto de runa de los pueblos nórdicos. [Casona, 1999]

Los sacerdotes egipcios, nos dicen los autores griegos, tenían tres maneras de expresar su pensamiento. La primera era clara y simple, la segunda simbólica y figurada y la tercera sagrada y jeroglífica. La misma palabra tomaba según su conveniencia, un sentido propio, figurado o trascendente. En las antiguas ciencias teogónicas y cosmogónicas, los sacerdotes egipcios emplearon siempre la tercera forma. Sus jeroglíficos tenían entonces tres sentidos correspondientes y distintos, de los cuales los dos últimos no podían ser comprendidos sin clave. Esta manera de escribir enigmática y concentrada, se basaba sobre un dogma fundamental de la doctrina de Hermes. [Raynaud de la Ferrière, 2008]

Algunos sugieren que los grandes sacerdotes colocaban trozos de texto en un cuenco e ingerían luego las palabras sagradas. Con esa acción, de algún modo, estaban accediendo físicamente al Verbo divino. Se sabe también que ese rito simbólico habría de ser practicado muchos siglos más tarde en las logias medievales de constructores de catedrales. [Robledo Casanova, 2005] Cuando el iniciado llega a comprender plenamente la magia que impregna a la palabra escrita deseará no solamente leer sino incluso comer esas palabras. [Robledo Casanova, 2005]

La palabra *Ra*, que designa al gran dios creador, se escribe en egipcio con los signos jeroglíficos de una boca y debajo de ella un brazo. [Robledo Casanova, 2005] Dado que los egipcios usaban la R jeroglífica (boca, lenguaje), para expresar un quebrado o una proporción, dicho jeroglífico fue copiado en la idea del Logos griego, ya que en griego el logos es tanto verbo como proporción.[55] [Verdú Vicente, 2004]

Aunque siempre se ha asociado las pirámides a una tumba (pese a que de las más de 70 pirámides, o sus restos, menos de 20 se han identificado como tumbas reales [Brodrick y Norton, 2003]) es más probable que desde la I a la XII dinastía, el propósito de las pirámides fuese conservar las momias en el mejor estado posible. [Brodrick y Norton, 2003] Dicho propósito, sin duda, era para que el *ka* del difunto permaneciera mientras el *ba* realizaba su viaje [Barceló, 2002]

Orfeo aparece en múltiples fuentes como el responsable último de las *teletai* (τελετήν); esto es, del tipo de ritos a los que pertenecen claramente los Eleusinios. [Bernabé, 2008] A Orfeo además, se le ha atribuido un papel como civilizador de los getas, tracios que se creían inmortales. [Eliade, 1999] Por ello, no se debería denominar iniciación a *teletai* ya que dicha expresión tiene un sentido mucho más amplio; incluye rituales diversos, no necesariamente iniciáticos, generalmente relacionados con los misterios y con el destino del alma en el Más Allá. [Bernabé, 2008] No debemos olvidar que según la tradición,

---

[55] La palabra *ReN* significa "nombre" y se representa con una boca (simbolizando el Logos original) y una línea quebrada que representan el mar primordial. De ahí surgió el concepto judío del espíritu de dios que soplaba por encima de las aguas. [Verdú Vicente, 2004] Como el jeroglífico ReN es muy parecido al jeroglífico R3 (1/3), surgió la expresión que vendría a significar el extraño planteamiento de la Trinidad cristiana. [Verdú Vicente, 2004] Nótese el parecido de dicha expresión con las anteriormente mencionadas sobre Gilgamesh, etc.

Eleusis fue el lugar en que Deméter transmitió a los seres humanos los secretos del cultivo de la tierra. [Bernabé, 2008] Dichas enseñanzas ocurrieron "cuando en Atenas reinaba Erecteo, hijo de Pandión". [Bernabé, 2008] Según la crónica de Paros, Erecteo I (hijo de Crécope y abuelo del anterior) fue el que introdujo el cultivo de trigo. [Díaz-Montexano, 2009] Por lo que podríamos relacionar a Deméter y los ritos de Eleusis con Erecteo.

Debido a que tanto Erecteo/Erictonio ("nacido de la Tierra" y criado por Atenea) como Cécrope (nacido igualmente de la tierra), ancestro de Erictonio y Erecteo, son mitad serpiente, mitad hombre, [Valdés Guía, 2008] algunos lo han vinculado a una representación anfibia. [Temple, 1998] Mencionándose que tanto los anfibios Erecteo como Crécope provenía de Egipto, [Temple, 1998] e incluso se ha especificado que provenía de Saïs. [Díaz-Montexano, 2009] Lugar, donde según Platón, se encontraban los textos en los que se basó Critias para documentar las historias sobre la Atlántida. [Colaboradores Wikipedia, 2010] Erecteo es uno de los últimos reyes que cita Platón en su contienda con Atlantis, lo que algunos han relacionado con las guerras entre Poseidón y Atenea. [Díaz-Montexano, 2009] No deja de ser curioso que Platón también mencione dicho apelativo con respecto a los primeros habitantes de la Atlántida, antes de la intervención de Poseidón y su unión con Clito. [Torrent, 2008] En este sentido, merece la pena recordar, que tal y como indica Robert Graves, que *giges* (nacido de la tierra) tiene otra forma: *gigas* (de donde proviene gigante) y que significa "poderoso" o "fuerte"; [Graves, 2005] cuyo apelativo coincide con el de *Adamah* y *Adamu* de algunos textos sumerios. [Torrent, 2008]

Sabemos que la medicina y la astronomía egipcia tuvieron un avance sorprendente para su época. [Verdú Vicente, 2004] Sin embargo, pese a la manifestación de las pirámides y otras construcciones, se ha mencionado en círculos científicos que los egipcios poseían conocimientos matemáticos muy limitados [de la Torre Suárez, 2002] o escasamente eficaces y complejos. [Gairín Sallán, 2001] Otros defienden que poseían conocimientos matemáticos avanzados que los sacerdotes guardaban celosamente. [Ares, 2003] Lo cierto es que fueron considerados importantes por Fibonacci y existen manuscritos rusos del siglo XVII donde aún se aplican referencias a dichas matemáticas (de fracciones). [Gairín Sallán, 2001] Lo que resulta claro es que posteriormente su influencia se extendió al pensamiento hebreo y Occidental. [Verdú Vicente, 2004] Prueba de ello es una profecía mencionada por el egiptólogo Georges Barbarin, datada en el año 3.000 aC, que aseguraba que el primer día del mes de *Tishrei* nacería el Mesías, el cual moriría el 15º día del mes de *Nisan*.[56] [Barceló, 2002]

---

[56] En el primer día de *Nisan,* del primer año del calendario hebreo, comenzó la génesis del mundo, que aconteció, según la tradición judía, el domingo 7 de octubre del año 3.761 aC. El inicio de *Tishrei* coincide con mediados de septiembre aproximadamente, mientras que el 15 de *Nisan*, correspondería con el primero de abril aproximadamente. Curiosamente, ambos han sido considerados por los judíos como el inicio del año, según el momento histórico. [Colaboradores Wikipedia, 2010 b]

Dicha profecía se vinculaba (por error, según Barbarin) a Osiris (y posteriormente a Cristo). [Barceló, 2002] A dicho Mesías, autores como Marsham Adams lo designaron como "el amo de la pirámide", "al amo del año" y "el amo de la muerte y resurrección". [Barceló, 2002] lo que sugiere de nuevo, una relación entre las pirámides y el más allá; así como una relación entre las pirámides y Osiris.

Se ha especulado que Moisés y Aarón poseyeron conocimientos tecnológicos superiores a los egipcios de su época y que más tarde fueron heredados por Salomón. [Figueroa Saavedra, 2005] Ello nos puntualiza lo expresado por Artapano de Alejandría, en *Judaica*, [Torrent, 2008] No es pues casual que Salomón, continuador de la Filosofía Hermética, sea considerado el precursor de la masonería egipcia. [Wilson, 1981] Dado que dicha influencia ha sido transmitida de modo hermético [Verdú Vicente, 2004] y ya se ha mostrado como evidente el control sacerdotal en Egipto y otras civilizaciones. [Aziz, 1978] [Gasull y Sanahuja, 1980] [Ares, 1997] Podemos afirmar la posibilidad de que existió un conocimiento matemático importante (y no sólo aplicado a la construcción) y por ello los egipcios, utilizaron una arquitectura repleta de complicadas aplicaciones matemáticas, probablemente, con el único propósito de facilitar la trasmigración de las almas o su reencarnación. Posteriormente, dichos conocimientos matemáticos y astronómicos; pasaron a Grecia donde permanecieron celosamente guardados. Probablemente los textos que trasmitían dichos conocimientos fuese la música que cantaban las sirenas…

Referencias bibliográficas

- Ares N. *Los sacerdotes egipcios. Contactados con el Cielo*. Misterios de la Arqueología. 1997. Disponible en: http://www.nachoares.com
- Ares N. *Egipto Insólito*. Madrid. Ed. Corona Borealis; 2003
- Aziz P. *Los secretos de los templos Incas, Aztecas y Mayas*. 3 Volúmenes. Genève. Ed. Ferni y Círculo de Amigos de la Historia; 1978
- Barceló E. *Las pirámides de Egipto*. Ed. Edimat Libros; 2002
- Bernabé A. *Orfeo y Eleusis*. Synthesis. 2008; 15:13-36
- Brodrick M, Morton AA. *Diccionario de arqueología egipcia*. Ed. Edimat Libros; 2003
- Casona A. *Kalevala: La epopeya nacional de Finlandia*. Ed. Losada; 1999
- Colaboradores de Wikipedia. *Critias (diálogo)* [en línea]. Wikipedia, La enciclopedia libre, 2010 [fecha de consulta: 12 de junio del 2010]. Disponible en http://es.wikipedia.org/w/index.php?title=Critias_(di%C3%A1logo)&oldid=37970063
- Colaboradores de Wikipedia. *Calendario hebreo*. Wikipedia, La enciclopedia libre. Disponible en: http://es.wikipedia.org/w/index.php?title=Calendario_hebreo&oldid=38580248 (consultada el 11 de julio de 2010)
- de la Torre Suárez J. *Relaciones numéricas en las pirámides*. 2003; disponible en: www.egiptomania.com
- Díaz-Montexano G. *Atlantis contra Atenas ¿9000 años antes de Solón?* 2009. Disponible en: http://www.antiquos.com
- Eliade M. *Historia de las creencias y de las ideas religiosas II*. Ed. Paidós; 1999
- Faber-Kaiser A. *Sombras extraterrestres*. 1971 Disponible en: http://andreas.faber.cat
- Figueroa Saavedra F. *La "Clavícula de Salomón": la magia como osamenta expresiva de los miedos y deseos humanos*. Cuadernos del minotauro. 2005; nº 2: 99-118
- Freke T, Gandy P. *Los Misterios de Jesús*. Barcelona. Ed. Círculo de Lectores; 2004

- Gairín Sallán JM. *Una interpretación de las fracciones egipcias desde el recto del papiro de Rhind*. Llull. 2001; (24) 51:649-684
- Gasull Vilella MJ, Sanahuja Yll ME. *La obsidiana: fuente del poderío de Catal Huyuk*. Mem. Hist. Antig. 1980;4: 7-11
- Guénon R. *Símbolos fundamentales de la ciencia sagrada*. Ed. Universitaria de Buenos Aires; 1988
- Goldáraz Gaínza JJ. *Afinación y temperamentos históricos*. Ed. Alianza Editorial; 2004
- Graves R. *Los mitos griegos Vol I*. 2005. 2º edición. Ed. Alianza
- Grout, DJ. Burkholder JP, Palisca CV. *A History of Western Music*. New York. Ed. Norton & Company; 2010.
- Hundt, F. *Origins in Acoustics*. Woodbury. Ed. Acoustical Society of America; 1978.
- López-Peláez Casellas MP. *Extrañas interpretaciones de las sirenas en la iconografía renacentista y barroca. Un estudio desde la emblemática*. De Arte. 2007;(6): 139-150
- Martín Sáez D. *Pitágoras de Samos y la música como perfección. El universo explicado como armonía*. Sinfonía Virtual. 2007; nº 3 (abril). Disponible en: http://www.sinfoniavirtual.com
- Miyara F. *La música de las esferas: de Pitágoras a Xenakis... Y más acá*. Revista on-line de Estudios Musicales. 2007; I Época, nº 8 (octubre). Disponible en: http://www.sulponticello.com
- Pena MJ. *Sirenas de ayer, sirenas de siempre. A propósito de un racconto del príncipe Giuseppe Tomasi di Lampedusa*. Faventia. 2007; 29 (1):119-141
- Raynaud de la Ferrière SJ. *Libro Negro de la Francmasonería*. 2008. Disponible en: http://www.sergeraynauddelaferriere.net
- Reghini A. *Les Nombres dans la Tradition Pythagoricienne Maçonnique*. Ed. Arché Milano; 1981.
- Ribero Meneses JM. *Descubierta estatua de Poseidón en Santander*. 2006. Disponible en: http://www.tartessos.info
- Robledo Casanova I. *La magia de la palabra en Egipto*. Biblioteca Virtual Miguel de Cervantes. 2005
- Rodríguez López MI. *Las sirenas: génesis y evolución de su iconografía medieval*. Revista de arqueología. 1998;19 (211): 42-51

- Rodríguez López MI. *Mar y Mitología en las culturas Mediterráneas.* Madrid. Ed. Alderaban Ediciones; 1999

- Rodríguez López MI. *La música de las Sirenas.* Cuadernos de arte e iconografía. 2007;(16)32: 333-356

- Sánchez B. *El poder de la palabra en el Popol Vuh.* Telos. Revista de estudios interdisciplinarios. 1999; (1)2:291-303

- Sendy J. *Dioses extraterrestres.* Barcelona. Ed. Daimon; 1979

- Temple R. *El misterio de Sirio. Nuevas pruebas científicas de contactos con extraterrestres hace 5.000 años.* Ed Timun Mas; 1998

- Torrent FJ. *El legado hermético de la antigüedad.* Ed. Bubok Publishing; 2008

- Valdés Guía M. *El nacimiento de la autoctonia ateniense: cultos, mitos cívicos y sociedad de la Atenas del s. VI a. C.* Ed. Universidad Complutense de Madrid. Servicio de Publicaciones; 2008

- Verdú Vicente FT. *Corazón e historia: Miguel Servet, un precursor.* Medicina Naturista, N° 6, 2004, pags. 5-14

- West ML. *The Babylonian Musical Notation and the Hurrian Melodic Texts.* Music & Letters. 1994; (75) 2:161-179

- Wilson C. *El Necronomicón: Introducción.* Mundo Desconocido. 1981;extra n° 2 (abril): 3-32

Créditos fotográficos

- Figura 1: *Fiji Mermaid.* George Cruikshank. 1882. Wikimedia Commons.
- Figura 2: imagen bajo licencia Creative Commons Attribution en el artículo de Ježová M, Múčková K, Souček O, Feit J, Vlašín P. *Hypertext atlas of fetal and neonatal pathology.* Diagn Pathol. 2008; 3(Suppl 1): S9.
- Figura 3: Imagen del libro *The natural history of British fishes*, de Edward Donovan (1808). New York Public Digital Collection.
- Figura 4: vaca marina de Steller digitalizada por ScottyBoy900Q con licencia Creative Commons Attribution.
- Figura 5: Alciato's. *Book of Emblems.* Emblem 183. William Barker, Mark Feltham, y Jean Guthrie, con la ayuda de Allan Farrell del Memorial University's Arts Computing Centre Department of English Memorial University of Newfoundland.
- Figura 6: fotografía original de Marie-Lan Nguyen "Jastrow" (2006). Museo Británico. Inventario n° GR 1843.11-3.31 (Cat. Vases E 440) Habitación 69. Con licencia Creative Commons Attribution.
- Figura 7: fotografía original de Erich Lessing. British Museum.
- Figura 8: The Metropolitan Museum of Art. The Image Library. 1000 Fifth Avenue. New York, NY 10028.
- Figura 9: British Museum. Habitación 33. Asia OA 1937.7-16.69, AN32198001.
- Figura 10: Metropolitan Museum of Art. The Image Library. 1000 Fifth Avenue. New York, NY 10028.
- Figura 11: fotografía original de "Atonal". British Museum. Flickr 2003 Creative Commons.
- Figura 12: dibujo de Sabine Baring-Gould (1868). Digitalizado por Psychless. Wikimedia Commons.
- Figura 13: mapa modificado de The International History Project. 2003. Disponible en: http://history-world.org/
- Figura 14: fotografía original de PHG (Per Honor et Gloria della Enciclopedia). Wikimedia Commons.
- Figura 15: Gustavo Doré (1865). Digitalizado por Mats Halldin. Wikimedia Commons.

➢ Figura 16: Matthaeus (Matthäus) Merian (1593-1650), en Iconum Biblicarum. Digitalizado por Shakko. Wikimedia Commons.
➢ Figura 17: fotografía original de Arne Nordmann (norro). Creative Commons Attribution ShareAlike.
➢ Figura 18: sello acadio expuesto en el Vorderasiatische Museum de Berlin (ref. VA/243). Digitalizada por IronyWrit. 2005. Wikimedia Commons.
➢ Figura 19: fotografía original de Anders Löwdin. Flickr. 2006. Creative Commons.
➢ Figura 20: imagen vectorial creada con Inkscape por David Cuculcan. Licencia de documentación libre GNU.
➢ Figura 21: Mapa estelar modificado del programa Stellarium. GNU General Public License. Version 2, Junio 1991. Copyright (C) 1989, 1991. Free Software Foundation, Inc.
➢ Figura 22: Universidad Complutense de Madrid. Departamento de Historia Antigua. Disponible en: http://www.ucm.es/info/antigua/cartografia.htm
➢ Figuras 23-27: fotografías originales de Erich Lessing. British Museum.
➢ Figura 28: Consejo Superior de Investigaciones Cientificas (CSIC).
➢ Figura 29: Consejo Superior de Investigaciones Cientificas (CSIC).
➢ Figura 30: Leonardo da Vinci. Codex Atlanticus. 1490 aprox. Folio 276.
➢ Figura 31: Reconstrucción del diseño realizado por Leonardo da Vinci. Codex Atlanticus. 1490 aprox. Folio 909. Imagen modificada de "visitmanchester". Flickr Creative Commons.
➢ Figura 32: fotografia de "Lerdsuwa". 2005. Wikimedia Commons.
➢ Figura 33: Diseño creado por Gerardo Rosa "Grosasm". 2006. Wikimedia Commons.

Portada: The Mermaid, 1910 Howard Pyle (1853-1911). Óleo sobre lienzo, 144.78 x 101.6 cm. (57 7/8 x 40 1/8 in.). Delaware Art Museum. Bajo el cielo profundo y la luna creciente hay dos fuerzas opuestas: la tierra y el agua (el humano frente a la sirena). Desde las profundidades, la sirena rescata al humano naufragado; aunque las intenciones del autor, al pintar el cuadro, siguen desconocidas ya que la obra permaneció inconclusa. Creative Commons Attribution-Share Alike 3.0 Unported license.